Ciberseguridad para todos

Aprende, protege y responde

Ciberseguridad para todos

Aprende, protege y responde

Dr. Arturo E. Mata

JØKΣR

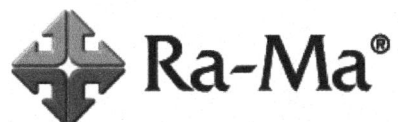

La ley prohíbe
fotocopiar este libro

Ciberseguridad para todos. Aprende, protege y responde
Thema: UR Seguridad informática
Bisac: COM053000
© Dr. Arturo E. Mata
© De la edición: Ra-Ma 2025

Editado por:
RA-MA Editorial
Calle Jarama, 3A, Polígono Industrial Igarsa
28860 PARACUELLOS DE JARAMA, Madrid
Teléfono: 91 658 42 80
Fax: 91 662 81 39
Correo electrónico: *info@grupoeditorialrama.com*
Internet: *www.ra-ma.es* y *www.ra-ma.com*
ISBN impreso: 979-13-8776-431-9
ISBN ePub: 979-13-87764-32-6
Depósito legal: M-10546-2025
Maquetación: Antonio García Tomé
Diseño de portada: Antonio García Tomé
Filmación e impresión: Safekat
Impreso en España en mayo de 2025

*Agradezco profundamente a Dios,
y de manera especial a mi madre,
mi esposa Francelys y mis hijas Ana y María,
cuyo apoyo y amor incondicional han sido el motor
que me impulsó a alcanzar mis metas.*

*Mi gratitud se extiende también a todos los profesionales
que me acompañaron en este camino,
brindándome su guía y conocimientos en cada paso.*

ÍNDICE

ADVERTENCIA

Para quienes inician su viaje en el mundo digital

Este libro, *Ciberseguridad para todos*, está pensado para ti: la persona que utiliza internet en su día a día, que envía mensajes, compra en línea, navega en redes sociales o guarda fotos en la nube, pero que aún no sabe cómo proteger su vida digital de amenazas comunes. No asumo que tengas conocimientos técnicos, experiencia en informática o que quieras convertirte en un experto. Aquí encontrarás herramientas prácticas, explicadas en un lenguaje sencillo, para que puedas actuar *hoy mismo* con pasos claros y accesibles.

Si eres un usuario avanzado, administrador de sistemas o trabajas en tecnología, este material no está diseñado para ti. Las recomendaciones aquí compartidas se centran en mitigar riesgos básicos, como crear contraseñas robustas, identificar correos sospechosos o configurar la privacidad en redes sociales. No profundizaremos en cortafuegos empresariales, análisis forense de malware o protocolos avanzados de cifrado. Nuestro objetivo es empoderar a quienes dan sus primeros pasos en la autoprotección digital, no reemplazar manuales técnicos o certificaciones profesionales.

Es importante recalcar que, aunque aplicar estas pautas reducirá significativamente tu exposición a amenazas como el phishing, el ransomware o el robo de identidad, ningún método es completamente infalible. La ciberseguridad es un proceso dinámico: los atacantes evolucionan, las tecnologías cambian y lo que hoy es seguro, mañana podría no serlo. Por eso, más que reglas inamovibles, te ofrecemos *principios fundamentales* que podrás adaptar a medida que adquieras experiencia.

¿Qué puedes esperar de este libro?:

- ▼ Ejemplos cotidianos: situaciones reales, como comprar en una tienda online, usar Wi-Fi público o publicar en redes sociales, para que identifiques riesgos en tu rutina.

- ▼ Recomendaciones concretas: desde activar la autenticación en dos pasos hasta elegir un gestor de contraseñas, sin teorías abstractas.

- ▼ Herramientas gratuitas: software y aplicaciones que puedes empezar a usar hoy, sin coste ni complicaciones.

¿Qué no encontrarás aquí?:

- ▼ Soluciones mágicas: la ciberseguridad requiere atención constante. No prometemos inmunidad, sino conciencia.

- ▼ Instrucciones para piratas informáticos: no enseño a vulnerar sistemas ni técnicas maliciosas de ataque.

- ▼ Guías empresariales: el enfoque es personal y doméstico, no corporativo.

Un último recordatorio

Internet es como una ciudad: tiene bibliotecas, parques y centros comerciales, pero también callejones oscuros. Este libro es tu mapa para transitar por ella con ojos abiertos, evitando los peligros más evidentes. Sin embargo, así como en la vida real no existe un escudo contra todo riesgo, en el mundo digital tampoco hay garantías absolutas. La clave está en combinar conocimiento, precaución y sentido común.

Bienvenido a tu primer paso hacia una vida digital más segura.

 **Nota**

Si encuentras términos desconocidos (ej: "phishing" o "ransomware"), no te preocupes. Los explicaremos en capítulos posteriores con ejemplos sencillos.

EL AUTOR

AArturo Mata, conocido como JØKΣR en redes sociales y foros web, es Doctor Honoris Causa de Filosofía en Ciberseguridad, PhD, otorgado por la Universidad Internacional Abierta Generalísimo Sebastián Francisco de Miranda, en reconocimiento a sus destacadas contribuciones y logros en el campo de la ciberseguridad, así como por su compromiso excepcional con la excelencia académica y su influencia positiva en el desarrollo y aplicación de prácticas avanzadas de ciberseguridad.

Con más de 20 años de experiencia en la protección de infraestructuras tecnológicas y la gestión de riesgos digitales, su trayectoria se distingue por un enfoque práctico y estratégico, respaldado por una sólida formación y certificaciones de alto nivel. Es un escritor y profesional venezolano de la seguridad informática, autor de varios libros de hacking y ciberseguridad, incluidos "Curso de programación Bash Shell: Fundamentos teóricos y prácticos para el reconocimiento, evaluación y explotación de vulnerabilidades informáticas" (2022), "Kali Linux para Hackers: Técnicas y metodologías avanzadas de seguridad informática ofensiva" (2023) y "Seguridad de Equipos Informáticos. Edición 2024".

Ha trabajado en el campo de la seguridad informática y protección industrial, desempeñando un papel fundamental en Operaciones de Seguridad de la Información en Petróleos de Venezuela. Allí, ha sido clave en la identificación de vulnerabilidades en sistemas críticos, el diseño de políticas de protección de datos y la implementación de proyectos de resiliencia ante ciberataques. Su experiencia abarca desde la configuración segura de redes hasta la aplicación de estándares internacionales como ISO 27001 y NIST.

En cuanto a sus títulos profesionales y certificaciones de la industria, Mata es especialista en Ciberseguridad, Master in Cyber Security, Ethical Hacking Expert (OEHE), Lead Cybersecurity Professional Certificate (LCSPC), Ethical Hacking Professional Certification (CEHPC), Certified Network Security Specialist (CNSS), Ethical Hacking & Penetration Tester (CEHPT), Certified Web Applications Pentester (CWAP), Ethical Hacking Profesional (CEHPC), Certified Deep Web Security (CDWS), Técnico en Ciberseguridad y Técnico en Redes y Sistemas Informáticos.

Además de su destacada trayectoria profesional, Arturo es un divulgador activo y profesional en concienciación sobre ciberseguridad (CAPC). Ha capacitado a numerosos profesionales en temas como hacking ético, análisis forense y gestión de incidentes. Es escritor de libros orientados al hacking ético, como "Kali Linux para Hackers", "Seguridad de Equipos Informáticos", "Ciberseguridad" y "Programación Bash Shell", donde comparte su conocimiento de forma didáctica y accesible, consolidándose como un referente en la comunidad hispanohablante de seguridad informática.

Con este libro, Arturo busca democratizar el conocimiento en ciberseguridad, brindando herramientas prácticas para que empresas, profesionales y usuarios protejan sus activos digitales en un mundo cada vez más interconectado y expuesto a amenazas.

"La ciberseguridad no es un lujo, sino una necesidad. Mi misión es empoderar a las personas para que no sean espectadoras pasivas de la tecnología, sino guardianes activos de su propio espacio digital."

JØKΣR

Dirección de correo electrónico de contacto: *arturo.mata@gmail.com*

PREFACIO

Vivimos en una era donde lo digital ha transformado nuestra forma de comunicarnos, trabajar, aprender y vivir. Desde las redes sociales hasta las plataformas de comercio electrónico, pasando por la banca online y los dispositivos inteligentes que usamos a diario, nuestra dependencia de la tecnología es innegable. Sin embargo, este avance tecnológico también ha traído consigo un aumento exponencial de los riesgos asociados al uso de la red: ciberdelincuencia, robo de datos, suplantación de identidad, ataques a infraestructuras críticas y un sinfín de amenazas que ponen en peligro la seguridad digital tanto de individuos como de organizaciones. Es aquí donde la **ciberseguridad** se convierte en un pilar esencial para garantizar la protección y el bienestar en el entorno digital.

Este libro, titulado **"Ciberseguridad para todos: Aprende, protege y responde"**, nace con el propósito de ser una guía accesible y práctica para todas aquellas personas interesadas en adquirir conocimientos fundamentales sobre ciberseguridad. Enmarcado dentro del catálogo de especialidades formativas "Ciberseguridad Básica" (identificado con el código **CTRD0030**), esta obra está especialmente diseñada para complementar la formación profesional en este ámbito, proporcionando a los estudiantes las herramientas necesarias para comprender y aplicar los principios básicos de seguridad digital en su vida personal y profesional.

¿Por qué es importante este libro?

La ciberseguridad ya no es una opción; es una necesidad. En un mundo donde cada clic puede representar una amenaza potencial, contar con conocimientos básicos sobre cómo proteger nuestros dispositivos, datos personales y privacidad es tan esencial como saber leer o escribir. Este libro no solo pretende enseñar conceptos técnicos, sino también fomentar una **conciencia crítica** sobre el uso responsable y seguro de la tecnología.

A lo largo de sus páginas, exploraremos temas clave como la protección de sistemas y dispositivos digitales, la privacidad y el manejo adecuado de datos personales, así como estrategias para cuidar nuestra salud y bienestar en un entorno cada vez más conectado. Todo ello presentado de manera clara y estructurada para que cualquier lector, independientemente de su nivel previo de conocimientos, pueda aprovechar al máximo esta obra.

¿Cómo complementa esta obra la formación profesional?

Para los estudiantes del ciclo formativo **CTRD0030**, este libro no es solo un recurso adicional; es un compañero indispensable que amplía y refuerza los contenidos impartidos en clase. Cada capítulo está diseñado para alinearse con los objetivos del programa formativo, abordando desde los fundamentos teóricos hasta ejemplos prácticos que ilustran cómo aplicar estos conocimientos en situaciones reales.

Además, "Seguridad Básica Digital" ofrece un enfoque actualizado sobre las tendencias más recientes en ciberseguridad, lo que permite a los estudiantes mantenerse al día con los desafíos actuales del sector. Esta obra no solo prepara a los futuros profesionales para identificar y mitigar riesgos digitales, sino que también les ayuda a desarrollar una mentalidad proactiva frente a las amenazas emergentes.

Un valor agregado para todos

Más allá del ámbito académico, este libro busca ser útil para cualquier persona interesada en protegerse en el entorno digital. A través de un lenguaje sencillo pero riguroso, se abordan temas como:

- La importancia de crear contraseñas seguras.
- Cómo detectar intentos de phishing o engaños online.
- La relevancia del cifrado y las copias de seguridad.
- Consejos prácticos para mantener la privacidad en redes sociales.
- Estrategias para desconectar del mundo digital y cuidar nuestra salud mental.

Además, se incluyen ejercicios prácticos al final de cada módulo que permitirán al lector poner a prueba lo aprendido y reforzar sus habilidades.

Un compromiso con un entorno digital más seguro

"Ciberseguridad para todos" no solo es un libro; es una invitación a reflexionar sobre nuestro papel en la construcción de un entorno digital más seguro. La ciberseguridad no depende únicamente de expertos o grandes corporaciones; comienza con cada uno de nosotros. Al aprender a protegernos mejor, contribuimos a reducir los riesgos globales y fomentamos una cultura donde la seguridad sea una prioridad compartida.

En definitiva, esta obra está pensada para ser mucho más que un manual técnico: es una herramienta educativa diseñada para empoderar a sus lectores frente a los desafíos del mundo digital. Ya seas estudiante del ciclo formativo CTRD0030 o simplemente alguien interesado en mejorar su seguridad online, este libro te proporcionará las claves necesarias para navegar por el mundo digital con confianza y tranquilidad.

¡Bienvenido/a al apasionante viaje hacia la Ciberseguridad!

1

INTRODUCCIÓN A LA CIBERSEGURIDAD

1.1 ¿QUÉ ES LA CIBERSEGURIDAD?

La ciberseguridad es el escudo digital que protege sistemas, redes y datos de intrusiones maliciosas. Más que un conjunto de herramientas, es una disciplina en constante evolución que combina tecnología, procesos humanos y políticas para mitigar riesgos en un mundo hiperconectado.

La ciberseguridad es la disciplina dedicada a **proteger sistemas interconectados, datos y usuarios** contra accesos no autorizados, daños o robos. Sus objetivos fundamentales son:

1. **Prevención**: evitar intrusiones mediante barreras técnicas y humanas.

2. **Detección**: identificar amenazas en tiempo real (ej. anomalías en redes).

3. **Respuesta**: mitigar el impacto de un ataque (ej. recuperación de datos cifrados).

4. **Resiliencia**: fortalecer sistemas para resistir futuros incidentes.

La ciberseguridad es una rama de las ciencias de la computación que se enfoca en la protección de sistemas, redes y datos frente a amenazas digitales. Esta área del conocimiento combina principios de programación, redes informáticas, criptografía y gestión de riesgos para garantizar la confidencialidad, integridad y disponibilidad de la información. Dentro de las ciencias de la computación, la ciberseguridad se posiciona como una disciplina esencial para el diseño y mantenimiento de entornos digitales seguros.

Además, esta área no solo abarca aspectos técnicos, como el desarrollo de sistemas resistentes a ataques, sino también elementos relacionados con el comportamiento humano, como la ingeniería social y la capacitación en buenas prácticas de seguridad. En un mundo cada vez más interconectado, la ciberseguridad es un campo dinámico y en constante evolución que responde a los desafíos impuestos por las amenazas emergentes, consolidándose como un pilar clave dentro del ecosistema tecnológico.

En la era digital actual, la ciberseguridad se ha convertido en un pilar fundamental para la protección de la información y los sistemas informáticos. Con el crecimiento exponencial de la tecnología y el uso de internet, las amenazas cibernéticas han evolucionado, volviéndose más sofisticadas y frecuentes. La ciberseguridad abarca un conjunto de prácticas, tecnologías y procesos diseñados para salvaguardar dispositivos, redes y datos de ataques maliciosos.

Kevin Mitnick, una figura icónica en este campo, destacó por su transición de ser uno de los hackers más buscados del mundo a convertirse en un defensor de la ciberseguridad. Mitnick enfatizó que las amenazas no solo provienen de vulnerabilidades tecnológicas, sino también de fallos humanos, como lo demostró con su uso de la ingeniería social, una técnica que manipula a las personas para obtener acceso a información confidencial. Según Mitnick, "**la seguridad más fuerte puede vulnerarse si se explotan las debilidades humanas**", subrayando la importancia de educar a los usuarios y aplicar medidas de defensa en profundidad para mitigar riesgos informáticos.

Otro personaje referente en la industria, **Eugene Kaspersky define la ciberseguridad como la práctica de proteger computadoras, servidores, dispositivos móviles, sistemas electrónicos, redes y datos de ataques maliciosos**. Según Kaspersky, esta disciplina no solo se enfoca en la defensa contra amenazas externas, sino que también abarca la seguridad de la información y la gestión de riesgos asociados a las vulnerabilidades de los sistemas

Su origen se remonta a 1971, con Creeper, el primer programa auto replicante creado como experimento. Hoy, su alcance abarca desde dispositivos cotidianos (smartphones, relojes inteligentes) hasta infraestructuras críticas como redes eléctricas y sistemas hospitalarios. Un ejemplo paradigmático es el ataque a SolarWinds (2020), donde ciberdelincuentes comprometieron actualizaciones de software para infiltrarse en miles de organizaciones, demostrando que ninguna entidad es inmune.

El reto actual radica en la interdependencia tecnológica: un fallo en un sensor IoT puede desencadenar un colapso en una cadena de suministro global. Por ello, la ciberseguridad ya no es opcional; es un pilar de la resiliencia digital. Imagina la ciberseguridad como el sistema inmunológico del cuerpo humano: identifica amenazas, las neutraliza y aprende de cada ataque para fortalecerse.

Actores clave

a) **Defensores:**

- Hackers éticos (Pentesters): realizan pruebas de penetración para descubrir vulnerabilidades en los sistemas.

- Equipos de TI: responsables de mantener y configurar las infraestructuras de seguridad.

- Empresas de seguridad (ej. Kaspersky Labs): desarrollan software y servicios para proteger contra amenazas cibernéticas.

- Analistas de seguridad: monitorean las amenazas y trabajan en la defensa de los sistemas.

- Administradores de redes y sistemas: configuran y mantienen las infraestructuras de seguridad.

- Especialistas en cumplimiento y auditoría: aseguran que las políticas y normativas de seguridad se cumplan.

- Red Teamers: simulan ataques para evaluar la respuesta de la organización a incidentes de seguridad.

- Especialistas en defensa activa: utilizan técnicas ofensivas para detectar y ralentizar a los atacantes.

- Consultores de seguridad: ayudan a las organizaciones a mejorar su postura de seguridad mediante asesoramiento y evaluaciones.

- Desarrolladores de seguridad: crean software seguro y participan en la implementación de medidas de seguridad en el desarrollo de aplicaciones.

b) **Atacantes**:

- **Cibercriminales**
  - Motivación: estos individuos se centran principalmente en obtener ganancias económicas ilícitas mediante actividades como el fraude, el robo de información personal y la extorsión.
  - Técnicas: utilizan tácticas como el phishing, el ransomware y el malware para extraer datos financieros y personales valiosos.

- **Personas con acceso privilegiado**
  - **Motivación**: pueden tener intenciones maliciosas o simplemente cometer errores involuntarios que comprometan la seguridad.
  - **Técnicas**: tienen acceso a información confidencial y pueden provocar filtraciones de datos debido a errores humanos o acciones deliberadas.

- **Hacktivistas**
  - **Motivación**: estos grupos buscan promover cambios sociales y políticos a través del activismo.
  - **Técnicas**: emplean ataques de denegación de servicio distribuido (DDoS) y otras tácticas para difundir sus mensajes y causar impacto.

- **Actores de amenazas patrocinados por el Estado**
  - **Motivación**: participan en espionaje y guerra cibernética para obtener ventajas estratégicas y políticas.
  - **Técnicas**: utilizan vulnerabilidades avanzadas y ataques sofisticados para recopilar información secreta o interrumpir infraestructuras críticas.

- **Ciber terroristas**
  - **Motivación**: buscan causar daños significativos a infraestructuras críticas, gobiernos o empresas, con el objetivo de generar impacto económico y físico.
  - **Técnicas**: realizan ataques que pueden afectar a comunidades enteras, buscando maximizar el daño.

- **Actores de amenazas internas**
  - **Motivación**: pueden ser empleados insatisfechos o con acceso a información sensible que buscan beneficios personales.
  - **Técnicas**: utilizan su acceso a datos internos para provocar filtraciones o sabotajes dentro de la organización.

c) **Reguladores**:

- **Gobiernos (ej. leyes como la NIS2 en la UE)**: establecen marcos legales para la ciberseguridad, como la Directiva sobre la Seguridad de las Redes y los Sistemas de Información (NIS2) en la Unión Europea.

- **Organismos internacionales (ISO, NIST)**: desarrollan estándares y guías para la seguridad cibernética, como las normas ISO 27001 y las recomendaciones del NIST.

- **Unión Internacional de Telecomunicaciones (UIT):** promueve la cooperación internacional en seguridad cibernética a través de la Agenda Global sobre Seguridad Cibernética.

- **Organización para la Cooperación y el Desarrollo Económicos (OCDE):** ofrece directrices para la seguridad cibernética y la protección de la infraestructura crítica.

- **Naciones Unidas (ONU):** a través de sus Grupos de Expertos Gubernamentales, trabaja en el desarrollo de normas internacionales para la ciberseguridad.

- **Organización de Estados Americanos (OEA)**: desarrolla estrategias regionales para mejorar la ciberseguridad en América Latina y el Caribe.

- **Comisión Europea:** regula y supervisa la implementación de políticas de ciberseguridad en la UE, incluyendo la creación de la Agencia de Ciberseguridad de la Unión Europea (ENISA).

- **Asociación de Naciones del Sureste Asiático (ASEAN):** fomenta la cooperación regional en ciberseguridad a través del Foro Regional de ASEAN.

En el siglo XXI, la ignorancia digital no es inocencia; es vulnerabilidad.

Adaptación de un principio de ciberseguridad moderno.

1.2 IMPORTANCIA DE LA CIBERSEGURIDAD

La importancia de la ciberseguridad radica en su capacidad para proteger la confidencialidad, integridad y disponibilidad de la información. Desde empresas hasta individuos, todos son vulnerables a riesgos como el robo de identidad, el phishing y el malware. Implementar medidas adecuadas de ciberseguridad no solo ayuda a prevenir pérdidas financieras, sino que también preserva la confianza del consumidor y asegura el cumplimiento normativo.

Eugene Kaspersky destaca la importancia de un enfoque integral que incluya la seguridad desde el diseño de los sistemas, lo que él llama "seguridad por diseño". Este concepto implica que la seguridad debe ser una consideración fundamental en cada etapa del desarrollo de software y hardware, asegurando que los sistemas sean inherentemente seguros y que el costo de un ataque supere los beneficios potenciales para los atacantes. De esta manera, Kaspersky enfatiza que una ciberseguridad efectiva requiere no solo tecnología avanzada, sino también una comprensión profunda de las amenazas y una educación continua para los usuarios.

En 2023, el costo promedio de una filtración de datos alcanzó **$4.45 millones** (IBM Security). Pero las consecuencias van más allá de lo económico:

- ▶ **A nivel personal**:

  - **Robo de identidad**: en México, 16 millones de personas fueron víctimas en 2022 (Condusef).

  - **Sextorsión**: ciberdelincuentes extorsionan con material íntimo, aprovechando la vergüenza de las víctimas.

- ▶ **A nivel organizacional**:

  - **Daño reputacional**: el 59% de los consumidores evita empresas tras una filtración (Verizon DBIR 2023).

  - **Riesgos legales**: multas del GDPR pueden superar el 4% de los ingresos globales de una empresa.

- ▶ **Impacto social**:

  - **Ataques a la salud**: en 2021, el ransomware *Hive* paralizó hospitales en Alemania, retrasando cirugías urgentes.

  - **Desinformación**: Bots propagan noticias falsas, polarizando sociedades y manipulando elecciones.

Caso emblemático

El ataque a *Colonial Pipeline* (2021) detuvo el suministro de combustible en EE.UU., mostrando cómo un incidente cibernético puede paralizar economías nacionales.

Medidas de seguridad básicas:

1. **Contraseñas robustas**: uso de frases largas (ej. «CafeConLeche$2024») en lugar de combinaciones simples.

2. **Actualizaciones obligatorias**: parchear sistemas elimina el 60% de las vulnerabilidades explotables (CISA).

3. **Cifrado de datos**: herramientas como VeraCrypt para proteger archivos sensibles.

1.3 COMPONENTES CLAVE DE LA CIBERSEGURIDAD

La ciberseguridad se sostiene en cuatro pilares, conocidos como la **Tríada CIA + Autenticación**.

¿Qué es la tríada CIA?

La tríada CIA (en inglés CIA Triad) es un acrónimo de confidencialidad, integridad, disponibilidad que es la estructura principal de la organización en cuanto a la seguridad de la información. El sitio web se ha pirateado, o incluso si hay una fuga importante de información confidencial (contraseñas, datos personales, copias de seguridad, etc.), significa que se ha violado al menos uno de los tres principios de la tríada.

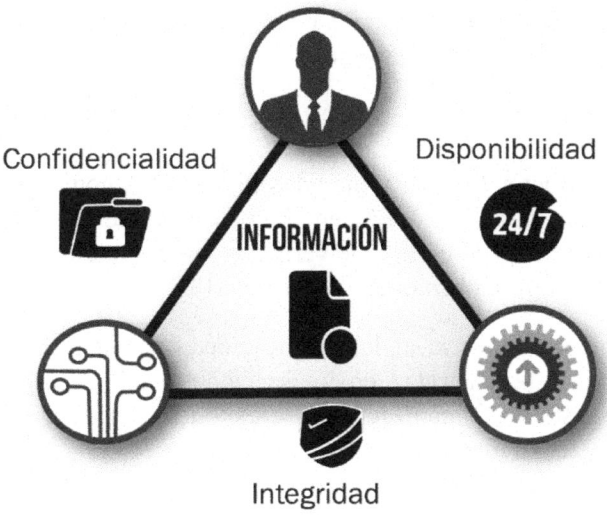

Figura 1.1. Tríada CID

A continuación, se presentan algunos conceptos y ejemplos relacionados con la tríada de la CIA:

▶ **Confidencialidad:** este principio se refiere a la protección de la información contra el acceso no autorizado. Un ejemplo de confidencialidad es la encriptación de datos sensibles para evitar que sean leídos por personas no autorizadas.

▶ **Integridad:** este principio se refiere a la protección de la información contra la modificación no autorizada. Un ejemplo de integridad es la utilización de firmas digitales para garantizar que los datos no se han modificado desde su creación.

▶ **Disponibilidad:** este principio se refiere a la garantía de que la información esté disponible para los usuarios autorizados cuando sea necesario. Un ejemplo de disponibilidad es la utilización de sistemas redundantes que están programados para estar disponibles siempre que un sistema principal se vea comprometido.

¿En qué consiste la autenticación?

La autenticación es considerada el cuarto pilar de la ciberseguridad y se refiere al proceso de verificar la identidad de un usuario o sistema antes de permitir el acceso a información o recursos. Este proceso es fundamental para garantizar que solo las personas autorizadas puedan interactuar con datos sensibles, evitando así el acceso no autorizado que podría resultar en robos de identidad, fraude o violaciones de datos.

Existen diversas técnicas de autenticación, que incluyen contraseñas seguras, autenticación multifactor (MFA), y métodos biométricos como el reconocimiento facial o huellas dactilares. La MFA, en particular, añade una capa adicional de seguridad al requerir más de un tipo de verificación, lo que dificulta el acceso a los atacantes incluso si logran obtener una contraseña13.

En el contexto empresarial, la autenticación es crucial para proteger sistemas críticos y garantizar la seguridad en transacciones en línea. Sin un sistema de autenticación robusto, las organizaciones se exponen a riesgos significativos que pueden comprometer su integridad y reputación.

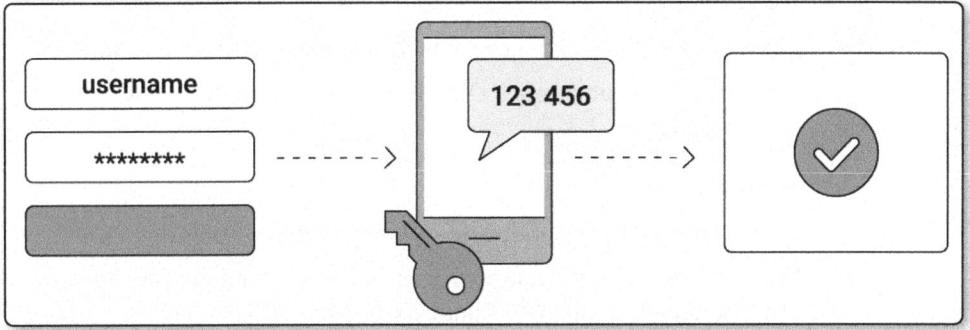

Figura 1.2. Representación de autenticación en dos pasos (2FA) Fuente: https://signal.avg.com

¿En qué consiste la autenticación multifactor (MFA)?

Combina algo que sabes (contraseña), algo que tienes (token) y algo que eres (huella).

> ### ⓘ Dato clave
>
> El MFA bloquea el 99.9% de los intentos de phishing (Microsoft).

1. **Confidencialidad:**
   - ¿Qué protege? La privacidad de la información.
   - **Ejemplo técnico:** cifrado AES-256 en aplicaciones de mensajería.
   - **Fallo crítico:** la filtración de 533 millones de cuentas de Facebook en 2021 por falta de cifrado robusto.

2. **Integridad:**
   - ¿Qué protege? La exactitud y consistencia de los datos.
   - **Herramienta:** Hashes criptográficos como SHA-256 para verificar archivos.

> ### ⓘ Casos reales en acción
>
> ■ En 2017, ciberdelincuentes modificaron registros médicos en un hospital de Finlandia, poniendo en riesgo diagnósticos.
>
> ■ En 2022, la NASA implementó firmas digitales basadas en blockchain para asegurar que los datos de sus satélites no fueran alterados en tránsito.

3. **Disponibilidad:**

- ¿Qué protege? El acceso continuo a sistemas y datos.

- **Amenaza común:** ataques DDoS, como el que afectó a AWS en 2020 con un tráfico de 2.3 Tbps.

4. **Autenticación:**

- ¿Qué protege? La identidad de usuarios y dispositivos.

- **Innovación:** autenticación biométrica basada en huella dactilar o reconocimiento facial (ej. Windows Hello).

(i) **Importante**

La resiliencia digital es esencial para garantizar la seguridad y la continuidad del negocio en un entorno digitalmente interconectado y en constante evolución. La resiliencia digital implica la profunda comprensión de los activos críticos, la identificación de las amenazas potenciales y la implementación de medidas proactivas para mitigar los riesgos.

1.4 AMENAZAS COMUNES EN LA RED

En el campo dinámico de la ciberseguridad, es crucial para los estudiantes comprender las amenazas actuales que enfrentan Europa y el mundo. Este conocimiento les permitirá desarrollar habilidades y estrategias efectivas para proteger sistemas, redes y datos contra las crecientes amenazas cibernéticas. A continuación, se analizarán algunas de las amenazas más relevantes, incluyendo la situación económica, la seguridad en línea y el riesgo de terrorismo.

Es fundamental que los estudiantes de ciberseguridad comprendan estas amenazas para desarrollar estrategias efectivas de protección. A continuación, se analizarán las amenazas actuales, con un lenguaje claro y didáctico, para proporcionar una visión integral de los desafíos en evolución en el campo de la ciberseguridad.

El panorama actual de amenazas cibernéticas en el mundo en 2025 presenta desafíos significativos en términos de ciberseguridad y protección de la información. A través de diversas fuentes, se ha identificado una serie de amenazas que abarcan desde la inestabilidad económica hasta la ciberdelincuencia y el riesgo de terrorismo.

A continuación, se analizarán estas amenazas, con ejemplos y referencias para proporcionar una visión integral de los desafíos en evolución en el campo de la ciberseguridad.

⯈ **Situación económica en Europa**: la economía de la eurozona enfrenta desafíos significativos, con la amenaza de una recesión en el horizonte. La debilidad económica, especialmente en la industria, plantea riesgos para la estabilidad financiera y la resiliencia cibernética en un entorno empresarial afectado por la atonía y la falta de motores de crecimiento.

- Ejemplo: durante la pandemia de COVID-19, la Unión Europea experimentó una desaceleración económica significativa, lo que llevó a un aumento de las amenazas cibernéticas, ya que los ciberdelincuentes aprovecharon la crisis para lanzar ataques de phishing y malware dirigidos a organizaciones y ciudadanos vulnerables. .

⯈ **Seguridad en línea y privacidad:** las amenazas a la seguridad en línea y la privacidad son una preocupación creciente. La desinformación, la violencia policial, las detenciones masivas y la vigilancia plantean desafíos para la protección de datos y la integridad de las plataformas en línea.

- Ejemplo: el aumento de las campañas de desinformación avanzada ha socavado la confianza en las plataformas en línea y ha llevado a una mayor preocupación por la privacidad y la seguridad de los datos de los usuarios.

⯈ **Riesgo de terrorismo:** el riesgo de terrorismo ha aumentado en varios países europeos, lo que ha llevado a un refuerzo de la seguridad. Aunque no hay amenazas directas inmediatas, el aumento de la alerta terrorista subraya la importancia de la ciberseguridad en la prevención de ataques cibernéticos y la protección de infraestructuras críticas.

- Ejemplo: los ataques cibernéticos coordinados con actividades terroristas han llevado a una mayor preocupación por la seguridad cibernética en Europa, lo que ha llevado a una mayor cooperación entre los países para abordar estas amenazas.

Estos ejemplos ilustran la complejidad y la gravedad de las amenazas de ciberseguridad actuales en Europa y el mundo, y subrayan la importancia de desarrollar estrategias efectivas para proteger la infraestructura digital y los activos de información.

Según el Barómetro de Riesgos de Allianz 2023, los ataques cibernéticos serán el principal riesgo empresarial global en 2024, con un 36% de las empresas encuestadas identificándolos como su principal preocupación.

Dentro de los ataques cibernéticos, los más detectados son los ataques de ransomware y extorsión, que han experimentado un preocupante aumento en los últimos años.

Figura 1.3. Los ataques de ransomware emplean un cifrado asimétrico, es decir, uno cifra los archivos y otro los descifra. (Fuente: https://www.avast.com/)

Los ataques de ransomware son una forma de ataque cibernético en la que los ciberdelincuentes cifran los datos de una organización y exigen un rescate para su liberación. Estos ataques pueden tener un impacto significativo en las empresas, ya que pueden resultar en la pérdida de datos críticos, la interrupción de los servicios y la pérdida de ingresos. Además, estos ataques de también pueden tener un impacto en la reputación de la empresa, ya que pueden resultar en la pérdida de la confianza de los clientes y la publicidad negativa.

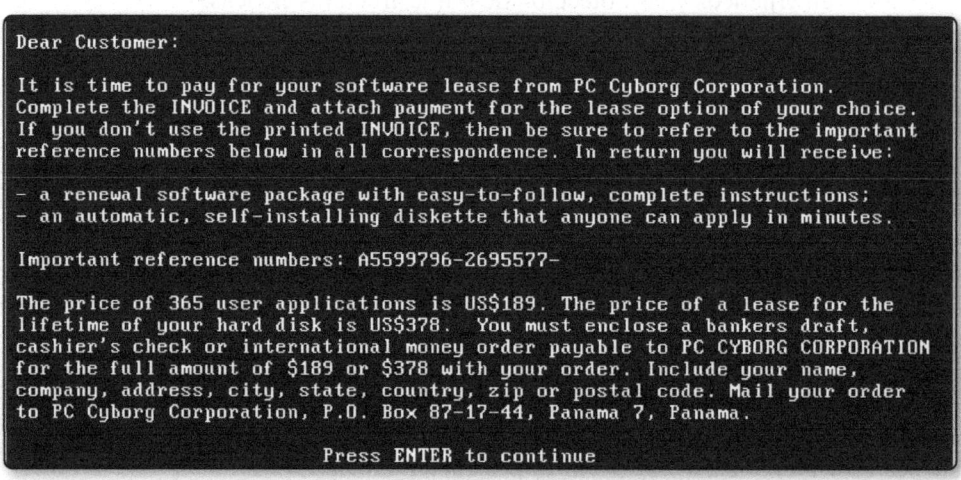

Figura 1.4. La nota de rescate del troyano AIDS. (Fuente: Wikimedia Commons)

Los ataques de extorsión son otra forma de ataque cibernético en la que los ciberdelincuentes amenazan con publicar información confidencial de una organización a menos que se les pague un rescate. Estos ataques pueden tener un impacto significativo en la reputación de la empresa, ya que pueden resultar en la pérdida de la confianza de los clientes y la publicidad negativa. Además, los ataques de extorsión también pueden tener un impacto financiero en la empresa, ya que pueden resultar en la pérdida de ingresos y la interrupción de los servicios.

Figura 1.5. La sextorsión puede tener lugar de diferentes formas (Fuente: Wikimedia Commons)

Otro tipo de ataque cibernético que ha experimentado un aumento en los últimos años es el phishing. El phishing es una forma de ataque en la que los ciberdelincuentes intentan engañar a los usuarios para que revelen información confidencial, como contraseñas o información de tarjetas de crédito. Estos ataques pueden tener un impacto significativo en la seguridad de la información de una organización, ya que pueden resultar en la pérdida de datos críticos y la exposición de información confidencial.

Los ataques de phishing continúan siendo una amenaza importante para la seguridad en línea en 2024. Un ejemplo común de suplantación de identidad puede ser, recibir un correo electrónico que parece ser de una empresa legítima, como un banco o una plataforma de redes sociales, solicitando información personal o de inicio de sesión.

En 2022, el IC3 recibió más de 300.000 informes de víctimas de phishing en los Estados Unidos solamente. Los ataques de compromiso de correo electrónico empresarial pueden costar a las víctimas estadounidenses más de $2.7 mil millones en 2022.

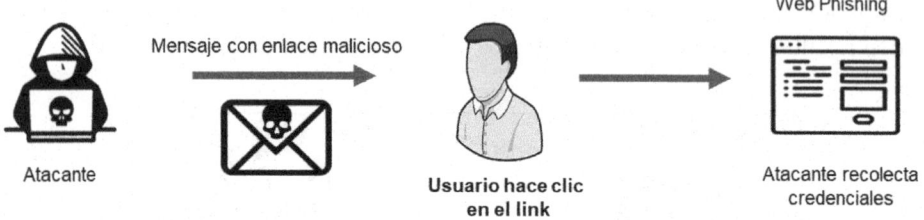

Figura 1.6. Diagrama de un ataque de phishing

Los ataques de *Spear Phishing* son una forma más sofisticada de phishing que se dirige a individuos específicos con información personalizada. Es importante tener en cuenta que los ataques de phishing pueden provenir de cualquier parte del mundo y pueden resultar en pérdidas financieras y violaciones de datos.

> ⓘ **Nota**
>
> Es esencial tomar las medidas de seguridad adecuadas para prevenir amenazas como los ataques de phishing, que pueden provocar pérdidas financieras y filtraciones de datos.

1.4.1 Amenazas a la seguridad de los equipos informáticos

La seguridad informática es un tema crítico en la era digital. Cada día, millones de personas utilizan ordenadores, smartphones y otros dispositivos electrónicos para realizar diversas tareas, desde compras en línea hasta el almacenamiento de datos críticos. Sin embargo, el uso de la tecnología también conlleva riesgos de seguridad, y los usuarios deben estar siempre alerta para evitar las amenazas que pueden comprometer la integridad de sus equipos y la privacidad de sus datos. En este artículo, describiremos algunas de las amenazas más comunes a la seguridad de los equipos informáticos y cómo prevenirlas.

 **Virus y malware**

Los virus y el malware son programas maliciosos que se introducen en el sistema de un ordenador o dispositivo para causar daños o robar información. Pueden descargarse junto con software gratuito, adjuntos en correos electrónicos o enlaces maliciosos. Una vez que se instalan, pueden causar daños irreparables al sistema, como la eliminación de archivos importantes o el robo de información personal. Para prevenir esto, es importante instalar software antivirus actualizado y mantenerlo actualizado. Además, es importante evitar descargar software de sitios desconocidos o hacer clic en enlaces sospechosos.

Algunos ejemplos de virus informáticos incluyen el virus del sector de arranque, el virus de secuencias de comandos web, el secuestrador de navegador, el virus residente, el virus de acción directa, el virus polimórfico y el virus de infección de archivos. Tales como:

- ILOVEYOU
- SQL Slammer
- Stuxnet
- CryptoLocker
- inba
- Welchia y Shlayer

Uno de los virus informáticos más dañinos es CryptoLocker, un ransomware que ganó más de $30 millones en 100 días cifrando los archivos de los usuarios y exigiendo un rescate por la clave de descifrado. Otros virus dañinos incluyen ILOVEYOU, MyDoom y el virus Storm Worm.

Es importante tomar las medidas de seguridad adecuadas, como software antivirus actualizado, contraseñas y redes seguras, para protegerse contra virus y malware.

▶ Ataques de phishing

Los ataques de phishing se producen cuando los delincuentes intentan engañar a los usuarios para que revelen información personal o financiera, como contraseñas, números de tarjetas de crédito o información de inicio de sesión. Esto se logra mediante correos electrónicos fraudulentos que parecen legítimos, sitios web falsificados o llamadas telefónicas. Para evitar ser víctima de un ataque de phishing, es importante desconfiar de correos electrónicos sospechosos y siempre verificar la autenticidad de los sitios web antes de ingresar información personal.

▶ Acceso no autorizado

El acceso no autorizado se produce cuando los delincuentes obtienen acceso a sistemas o dispositivos sin permiso. Esto puede ocurrir debido a contraseñas débiles, vulnerabilidades de software o falta de medidas de seguridad adecuadas. Para prevenir esto, es importante utilizar contraseñas fuertes y cambiarlas regularmente. Además, se deben implementar medidas de seguridad, como firewalls y encriptación, para proteger los sistemas y dispositivos.

El acceso no autorizado es una forma frecuente de delito cibernético que puede causar un daño significativo a los sistemas informáticos y la información que contienen. Por ejemplo, cuando un usuario ingresa a un sistema, debe proporcionar credenciales de inicio de sesión que se verifican con un archivo de contraseña.

El mal uso de los dispositivos móviles es otro riesgo importante que puede comprometer la seguridad de los datos. Por ejemplo, los empleados pueden usar sus propias soluciones de uso compartido de datos de nivel de consumidor que no están diseñadas para uso empresarial, lo que expone a la empresa a graves violaciones de seguridad y pérdida de datos.

Spear phishing es un ejemplo actual y práctico de un ataque de phishing que se dirige a individuos u organizaciones con correos electrónicos plausibles y personalizados. Contraseñas seguras, software actualizado y precaución al hacer clic en enlaces y archivos adjuntos sospechosos son algunas de las formas de prevenir este tipo de ataques.

Taxonomía de amenazas:

Tipo	Definición	Ejemplo reciente
MALWARE	Software dañino que se autoejecuta.	*Clop* (2023): explotó vulnerabilidades en MOVEit.
PHISHING	Engaño para obtener información confidencial.	Campañas falsas de ayuda a Ucrania post-2022.
RANSOMWARE	Secuestro de datos a cambio de rescate.	*BlackCat*: exfiltró datos de hospitales antes de cifrarlos.
APTS	Ataques dirigidos y persistentes.	*Cozy Bear*: vinculado a espionaje estatal.

1.4.2 Panorama actual de amenazas

En 2025, se anticipan diversas amenazas cibernéticas que reflejan la creciente complejidad y sofisticación del panorama de la seguridad digital. A continuación, se detallan las principales amenazas y menciones de eventos de ataques informáticos, tanto en Europa como en Latinoamérica:

⊳ **Ataques de Ransomware**: se espera que los ataques de ransomware sean más sofisticados, apuntando a infraestructuras críticas como hospitales y sistemas financieros. Las técnicas de "doble extorsión", donde los atacantes no solo cifran datos sino que también amenazan con divulgarlos, serán comunes. Esto representa un riesgo significativo para organizaciones de todos los tamaños.

- **Europa**:

  Grupos vinculados a Rusia han duplicado sus ataques disruptivos contra infraestructuras críticas, utilizando técnicas probadas previamente en Ucrania. Un ejemplo reciente es el **ataque al Servicio de Salud de Irlanda (HSE)** en 2021, donde el ransomware Conti, distribuido mediante técnicas *fileless*, paralizó servicios médicos durante una semana y comprometió datos de 5 millones de personas.

- **Latinoamérica**:

  El sector sanitario enfrenta riesgos críticos: hospitales en México y Brasil reportan ataques que cifran historiales médicos y exigen rescates, aprovechando la falta de personal capacitado y sistemas obsoletos. En 2025, se documentó un ataque similar al **gobierno de Costa Rica**, donde el ransomware Conti desencadenó un colapso administrativo durante semanas

⊳ **Amenazas a dispositivos IoT**: con la proliferación de dispositivos conectados, los ciberdelincuentes pueden explotar vulnerabilidades en estos dispositivos para acceder a redes más amplias o causar interrupciones masivas. La falta de seguridad en muchos dispositivos IoT los convierte en un objetivo atractivo para los atacantes.

- **Europa:**

  El sector educativo sufre un promedio de 131 ataques semanales por organización, el doble del promedio global, con dispositivos conectados (pizarras inteligentes, sistemas de vigilancia) como vectores de entrada.

- **Latinoamérica:**

  Cibercriminales explotan dispositivos edge (como cámaras de seguridad y sensores industriales) para convertirnos en nodos de retransmisión anónimos (ORBs), facilitando el robo de datos en sectores como energía y transporte. Un caso en Brasil involucró el hackeo de sistemas de monitoreo agrícola, afectando cadenas de suministro alimentario.

▼ **Phishing avanzado**: las técnicas de phishing evolucionarán, utilizando inteligencia artificial para crear mensajes más convincentes y personalizados. Se prevé un aumento en ataques como el "vishing" (phishing por voz) y el "smishing" (phishing por SMS), que podrían engañar a más usuarios.

● **Europa**:

  – El grupo **Hive0117** lanzó una campaña de phishing en 2024, suplantando comunicaciones oficiales rusas para distribuir el RAT *DarkWatchman* en Lituania y Estonia, dirigido a telecomunicaciones y sectores industriales.

  – Los ataques de **suplantación de correo empresarial (BEC)** aumentaron un 123.8% en Europa, con fraudes que imitan proveedores legítimos para desviar pagos.

● **Latinoamérica**:

  Aunque menos reportados, los **infostealers** (malware que roba credenciales) crecieron un 58% en 2025, aprovechando vulnerabilidades en herramientas de autenticación como SSO para acceder a redes corporativas.

▼ **Ataques a la cadena de suministro**: se proyecta que los ataques dirigidos a proveedores y socios estratégicos aumenten, lo que podría tener efectos devastadores en múltiples industrias. Estos ataques explotan vulnerabilidades en software o servicios utilizados por varias organizaciones.

● **Europa:**

  La UE realizó en 2022 un **simulacro de ataque masivo a cadenas de suministro**, evaluando respuestas diplomáticas y técnicas ante brechas en redes logísticas. Este ejercicio sentó las bases para protocolos implementados en 2025.

● **Latinoamérica:**

  Ciberespías apuntan a **proveedores de tecnología médica**, como fabricantes de equipos IoT para hospitales, comprometiendo actualizaciones de software y propagando ransomware.

▼ **Malware sin archivos**: este tipo de malware utiliza herramientas legítimas del sistema operativo, lo que dificulta su detección. Los atacantes pueden ejecutar código malicioso sin necesidad de archivos ejecutables, aumentando la dificultad para las defensas tradicionales.

- **Europa:**

  El **DarkWatchman**, un RAT basado en JavaScript, ha infectado sistemas en Europa Oriental mediante scripts en memoria que evaden detección. Un ataque en 2024 contra empresas de telecomunicaciones lituanas utilizó PowerShell para exfiltrar datos sin dejar rastros en disco.

- **Latinoamérica:**

  Reportes de **Akamai** alertan sobre un incremento del 1,400% en ataques *fileless* en la nube, donde herramientas legítimas como WMI y APIs de Azure son explotadas para minería de criptomonedas y robo de datos.

(i) **Nota**

Estos casos subrayan la necesidad de adoptar enfoques proactivos, como la monitorización de memoria para detectar malware *fileless* y la segmentación de redes IoT.

Tendencias transversales

▶ **Colaboración transfronteriza**: la Unión Europea (UE) y países latinoamericanos como México han establecido mecanismos de cooperación técnica, como el Grupo de Trabajo UE-América Latina y el Caribe (resultado de la cumbre de febrero de 2024 en República Dominicana), que prioriza la protección de infraestructuras críticas y la formación de equipos de respuesta a incidentes (CSIRT).

En 2025, se intensificaron los simulacros binacionales, como los realizados por el Departamento de Seguridad Nacional de EE.UU. (DHS) y México, centrados en la gestión de ciberataques a redes eléctricas y sistemas de transporte.

La UE ha propuesto armonizar estándares de ciberseguridad con Latinoamérica bajo el Digital Services Act (DSA), que exige a plataformas como Meta y Google etiquetar contenido generado por IA desde agosto de 2025.

▶ **Inteligencia Artificial**: actores estatales emplean IA para generar noticias falsas en periodos electorales, como se observó en simulacros de la UE en 2024.

Deepfakes electorales: en 2024, actores estatales vinculados a Rusia e Irán utilizaron IA para crear audios falsos de líderes políticos, como el caso del robocall que imitó la voz de Joe Biden para desalentar votantes en New Hampshire. La UE detectó campañas similares en Lituania y Estonia, donde chatbots como Gemini y Copilot difundieron información errónea sobre procesos electorales.

Respuestas institucionales

La EDMO (Observatorio Europeo de Medios Digitales) implementó programas de prebunking en 2025 para entrenar a ciudadanos en identificar noticias falsas generadas por IA, priorizando países con elecciones sensibles como Polonia y Bélgica.

Plataformas como Meta activaron centros de operaciones especializados para monitorear contenido manipulado durante los comicios europeos, aplicando algoritmos de detección de deepfakes en tiempo real.

Impacto en Latinoamérica

En Brasil y México, se documentaron campañas de desinformación mediante bots en WhatsApp que utilizaron IA para generar mensajes hiperpersonalizados, aprovechando vacíos legales en la regulación de redes sociales

1. **Desarrollo de capacidades locales**

   - **Formación de talento y alianzas público-privadas**:
     - Ante el déficit del 40% de profesionales en ciberseguridad en Latinoamérica, países como Chile y Colombia lanzaron en 2025 **academias binacionales** financiadas por la UE, enfocadas en habilidades técnicas como análisis de malware *fileless* y gestión de incidentes en IoT.
     - Empresas tecnológicas como **Cisco** y **Microsoft** colaboraron con universidades mexicanas para implementar laboratorios de ciberdefensa, replicando modelos exitosos de la Alianza Digital UE-LAC.

2. **Innovación en contramedidas tecnológicas**

   - **Detección proactiva y herramientas automatizadas**:
     - La UE impulsó el uso de **IA defensiva** para identificar patrones de ataques *fileless* en memoria, con proyectos piloto en hospitales de España y Alemania que redujeron un 60% los tiempos de respuesta.

– En Perú y Argentina, agencias gubernamentales adoptaron sistemas de *threat intelligence* basados en machine learning para predecir ataques a cadenas de suministro energético, integrando datos de sensores IoT y redes logísticas.

Nota

Estas amenazas subrayan la necesidad urgente de adoptar enfoques proactivos en ciberseguridad, incluyendo la implementación de estrategias robustas y la capacitación continua de los usuarios para mitigar riesgos.

1.5 CIBERDELITOS

¿Qué son los ciberdelitos?

Los ciberdelitos, también conocidos como delitos informáticos o delitos en el ciberespacio, son actividades ilícitas que se llevan a cabo mediante el uso de tecnologías digitales, redes informáticas y dispositivos conectados a Internet. Estos delitos aprovechan la vulnerabilidad de los sistemas informáticos y redes, y se dirigen a infraestructuras, sistemas de información, dispositivos, datos personales y otros recursos en línea.

Se caracterizan por su diversidad y su alcance global, abarcando una amplia gama de actividades delictivas como el robo de identidad, el fraude en línea, el robo de datos, el espionaje industrial, la extorsión cibernética, el ciberacoso, la distribución de malware, el phishing y los ataques de denegación de servicio, entre otros.

Los autores de estos delitos suelen estar motivados por el dinero, la venganza, el activismo político o la curiosidad intelectual, y pueden operar desde cualquier lugar del mundo.

El combate a los ciberdelitos requiere la colaboración entre gobiernos, empresas y organizaciones internacionales, así como la aplicación de medidas de prevención y protección que fortalezcan la seguridad de las redes y sistemas informáticos, la sensibilización de la población y la capacitación de equipos de seguridad informática especializados.

En esta sección, exploraremos el mundo de los ciberdelitos, un aspecto crucial en el campo de la ciberseguridad. Los ciberdelitos son actividades delictivas que involucran el uso de computadoras o redes informáticas como herramientas, objetivos o medios para cometer delitos. Es fundamental comprender los diferentes tipos de ciberdelitos, sus impactos y las medidas de prevención y respuesta necesarias para protegerse de estas amenazas en constante evolución.

Tipos de ciberdelitos

▶ Robo de datos

El robo de datos implica la obtención no autorizada de información confidencial, como números de tarjetas de crédito, contraseñas, información personal y empresarial. Este tipo de ciberdelito puede llevarse a cabo a través de ataques de phishing, malware o brechas de seguridad en sistemas informáticos.

▶ Fraude financiero

El fraude financiero en línea involucra el uso de técnicas engañosas para obtener acceso a cuentas bancarias, realizar transacciones no autorizadas o cometer estafas en línea. Esto puede incluir el phishing de datos bancarios, la clonación de tarjetas de crédito y la manipulación de sistemas de pago en línea.

▶ Sabotaje informático

El sabotaje informático implica la alteración, daño o destrucción de sistemas informáticos, redes o datos. Esto puede incluir ataques de denegación de servicio (DDoS), malware destructivo, ataques a la infraestructura crítica y el vandalismo en línea.

▶ Acoso cibernético

El acoso cibernético, también conocido como ciberacoso, implica el uso de medios electrónicos para acosar, intimidar o amenazar a individuos o grupos. Esto puede incluir el acoso en redes sociales, el envío de mensajes amenazantes o la difusión de contenido dañino en línea.

▶ Pornografía infantil

La pornografía infantil en línea implica la producción, distribución o posesión de material pornográfico que involucra a menores de edad. Es extremadamente grave y tiene consecuencias devastadoras para las víctimas involucradas.

Impacto de los ciberdelitos

Los ciberdelitos pueden tener consecuencias devastadoras para individuos, empresas y sociedades en general. Algunos de los impactos más comunes incluyen:

- **Pérdida de datos confidenciales y privacidad:** el robo o la exposición de datos confidenciales pueden tener graves repercusiones para los individuos y las organizaciones. Además de la pérdida financiera, esto puede comprometer la privacidad de las personas y exponerlas a riesgos como el robo de identidad, el acoso cibernético y la extorsión.

- **Daño a la reputación y la confianza:** la revelación de una violación de datos puede dañar gravemente la reputación y la confianza de una empresa o institución. La pérdida de confianza de los clientes y socios comerciales puede tener efectos a largo plazo en la viabilidad y el éxito de la organización, y puede ser difícil de recuperar incluso después de implementar medidas correctivas.

- **Pérdidas financieras y costos de recuperación:** los ciberdelitos pueden resultar en pérdidas financieras significativas para las organizaciones, incluyendo el costo de investigaciones forenses, notificación de víctimas, reparación de sistemas y recuperación de datos. Además, las empresas pueden enfrentar multas regulatorias y litigios de clientes afectados, lo que agrava aún más el impacto financiero.

- **Interrupción de operaciones comerciales:** los ataques cibernéticos pueden causar interrupciones graves en las operaciones comerciales, afectando la capacidad de una organización para brindar servicios, procesar transacciones y mantener la continuidad del negocio. Esto puede resultar en pérdidas de ingresos, pérdida de clientes y daños a largo plazo a la salud financiera de la empresa.

- **Trauma psicológico y emocional:** las víctimas de acoso cibernético y otros tipos de ciberdelitos pueden experimentar traumas psicológicos y emocionales significativos. El acoso en línea, el ciberbullying y otras formas de violencia digital pueden tener un impacto duradero en la salud mental y el bienestar emocional de las personas afectadas, lo que requiere apoyo y recursos adecuados para la recuperación.

- **Impacto en la seguridad nacional e infraestructura crítica:** los ciberdelitos también pueden representar una amenaza para la seguridad nacional y la estabilidad de una sociedad. Los ataques dirigidos a la infraestructura crítica, como las redes eléctricas, los sistemas de transporte y las instituciones gubernamentales, pueden tener consecuencias devastadoras para la seguridad nacional, la economía y el bienestar de la población.

Prevención y respuesta a los ciberdelitos

Medidas de prevención

▼ Implementar medidas de seguridad robustas: esto incluye el uso de firewalls, antivirus, sistemas de detección de intrusiones (IDS) y sistemas de prevención de intrusiones (IPS) para proteger los sistemas y redes contra amenazas cibernéticas. Por ejemplo, una empresa puede utilizar un firewall de próxima generación que inspeccione el tráfico en busca de comportamientos maliciosos y bloquee las amenazas antes de que puedan comprometer la red.

▼ Educación sobre prácticas seguras en línea: es crucial educar a los usuarios sobre prácticas seguras en línea, como la creación de contraseñas seguras, la verificación de la autenticidad de los correos electrónicos y la identificación de señales de phishing. Por ejemplo, una empresa puede ofrecer capacitación regular en seguridad cibernética para concientizar a los empleados sobre los riesgos y las mejores prácticas.

▼ Mantenimiento de software y sistemas actualizados: mantener el software y los sistemas actualizados con los últimos parches de seguridad es fundamental para mitigar vulnerabilidades conocidas y proteger contra ataques dirigidos. Por ejemplo, una organización puede implementar un programa de gestión de parches automatizado para garantizar que todos los sistemas estén actualizados de manera oportuna y eficiente.

Respuesta a incidentes

▼ Establecer un plan de respuesta a incidentes: es crucial contar con un plan de respuesta a incidentes bien definido que establezca roles y responsabilidades, procedimientos de notificación y escalación, y acciones específicas a seguir en caso de una emergencia cibernética. Por ejemplo, una empresa puede establecer un equipo de respuesta a incidentes que esté entrenado y listo para actuar rápidamente en caso de un ataque cibernético.

▼ Recopilar evidencia digital adecuada: en caso de un incidente cibernético, es importante recopilar y preservar adecuadamente la evidencia digital para apoyar la investigación y el enjuiciamiento de los perpetradores. Por ejemplo, una organización puede utilizar herramientas de análisis forense digital para recopilar registros de actividad, archivos de registro y otros datos relevantes relacionados con el incidente.

▸ Colaboración con agencias de aplicación de la ley y organizaciones de ciberseguridad: la colaboración con agencias de aplicación de la ley y organizaciones de ciberseguridad es esencial para abordar las amenazas cibernéticas de manera efectiva y llevar a los perpetradores de ciberdelitos ante la justicia. Por ejemplo, una empresa puede colaborar con el Centro de Respuesta a Incidentes Cibernéticos (CSIRT) nacional y compartir información sobre amenazas cibernéticas para mejorar la detección y la respuesta.

Ciberdelitos en España y Europa

Los ciberdelitos se han convertido en una preocupación creciente para España y la Unión Europea (UE) en los últimos años. La rápida digitalización de las sociedades europeas ha aumentado la dependencia de las tecnologías de la información y la comunicación (TIC), lo que ha generado nuevas oportunidades para los ciberdelincuentes. En este contexto, España y la UE han desarrollado estrategias y medidas para abordar los desafíos planteados por los ciberdelitos y proteger a los ciudadanos, empresas y gobiernos de las amenazas en el ciberespacio.

España

En España, la incidencia de ciberdelitos ha experimentado un aumento significativo en los últimos años. Según datos del Ministerio del Interior español, en 2022 se registraron más de 13,000 casos de ciberdelitos, lo que representa un incremento del 72% en comparación con 2019. En respuesta a este desafío, el gobierno español ha adoptado medidas para fortalecer la lucha contra los ciberdelitos, que incluyen:

▸ El desarrollo de la Estrategia Nacional de Seguridad Cibernética de España (ENSC), que establece un marco general para la protección de los ciudadanos, las empresas y la administración pública frente a los riesgos cibernéticos.

▸ La creación de la Oficina de Seguridad del Ciberespacio (OESC), un organismo responsable de coordinar las actividades de prevención, detección y respuesta a incidentes de seguridad en el ciberespacio.

▸ La actualización del Código Penal español para incluir delitos informáticos y ciberdelitos, como el robo de identidad, la estafa en línea y el ataque a sistemas informáticos.

Unión Europea

A nivel europeo, la Unión Europea (UE) ha desarrollado un marco legal y políticas para abordar los ciberdelitos y proteger a los ciudadanos y empresas de la región. Algunas de las medidas clave incluyen:

▼ La Directiva de Seguridad de Redes y Sistemas de Información (NIS Directive), que establece requisitos de seguridad y notificación de incidentes para sectores críticos y operadores de servicios digitales en toda la UE.

▼ El Centro Europeo de Lucha contra la Delincuencia en Internet (EC3), un centro de Europol especializado en la lucha contra los ciberdelitos, que apoya a las autoridades nacionales en la investigación y prevención de delitos en el ciberespacio.

▼ La Estrategia Europea de Seguridad Cibernética (EUCSS), que define las prioridades y acciones para fortalecer la resiliencia y la cooperación en el ámbito de la seguridad cibernética en la UE.

Aquí tienes el cuadro comparativo actualizado con dos ejemplos de cada tipo de ciberdelito:

Tipo de Ciberdelito	Descripción	Ejemplos
Robo de Datos	Obtención no autorizada de información confidencial, como números de tarjetas de crédito, contraseñas y datos personales o empresariales. Puede ocurrir a través de ataques de phishing, malware o brechas de seguridad.	• Ataque de phishing para robar credenciales de inicio de sesión. • Brecha de seguridad que expone información personal de los clientes de una empresa.
Fraude Financiero	Uso de técnicas engañosas para obtener acceso a cuentas bancarias, realizar transacciones no autorizadas o cometer estafas en línea. Incluye el phishing de datos bancarios, la clonación de tarjetas de crédito y la manipulación de sistemas de pago en línea.	• Estafa de phishing que solicita información bancaria a través de un correo electrónico falso. • Fraude en línea que involucra la clonación de tarjetas de crédito para realizar compras fraudulentas.

Sabotaje Informático	Alteración, daño o destrucción de sistemas informáticos, redes o datos. Puede incluir ataques de denegación de servicio (DDoS), malware destructivo, ataques a la infraestructura crítica y vandalismo en línea.	• Ataque de denegación de servicio (DDoS) que paraliza un sitio web o servicio en línea. • Ataque de ransomware que cifra los archivos de una empresa y exige un rescate por su liberación.
Acoso Cibernético	Uso de medios electrónicos para acosar, intimidar o amenazar a individuos o grupos. Incluye el acoso en redes sociales, el envío de mensajes amenazantes o la difusión de contenido dañino en línea.	• Ciberacoso a través de mensajes amenazantes enviados a través de las redes sociales. • Difusión de contenido difamatorio sobre una persona en línea para acosarla públicamente.
Pornografía Infantil	Producción, distribución o posesión de material pornográfico que involucra a menores de edad. Este ciberdelito tiene consecuencias devastadoras y es extremadamente grave.	• Distribución de imágenes pornográficas de menores a través de redes de intercambio de archivos en línea. • Producción y venta de material pornográfico infantil en foros oscuros de la web.

Este cuadro comparativo proporciona una visión general de los diferentes tipos de ciberdelitos, junto con ejemplos específicos para cada uno de ellos. Es importante entender la gravedad y las implicaciones de estos delitos, así como implementar medidas de seguridad adecuadas para protegerse contra ellos.

1.5.1 Detección de amenazas con comandos básicos (Windows y Linux)

Para democratizar la ciberseguridad, es crucial que todos los usuarios, incluso sin ser expertos, puedan identificar señales de alerta. A continuación, técnicas sencillas:

En Windows

1. **Ver conexiones sospechosas**:

   • Abre el **Símbolo del sistema** (cmd) y ejecuta:

```
C:\Users\arturo> netstat -ano
```

Lista todas las conexiones activas. Si ves direcciones IP desconocidas o puertos altos (ej. 4444, 31337), podría ser malware.

2. **Procesos desconocidos:**

```
C:\Windows\system32> tasklist /svc
```

Muestra los procesos en ejecución. Busca nombres extraños (ej. "xfgtr. exe") o servicios sin descripción.

3. **Buscar archivos maliciosos:**

```
C:\Windows\system32> dir C:\ /s /b | findstr /i .exe
```

Lista todos los archivos .exe en el sistema. Compara con una lista de procesos legítimos (puedes usar sitios como VirusTotal).

¿Qué es virus total?

VirusTotal es una plataforma en línea (gestionada por Google) que analiza archivos, enlaces (URLs) y hasta direcciones IP para detectar virus, malware u otras amenazas. Funciona revisando el contenido sospechoso con más de 70 antivirus simultáneamente, como Norton, McAfee o Kaspersky, y te da un informe detallado. Para más información visita su página web **virustotal.com**.

ⓘ Nota

Para más información sobre comandos avanzados de Windows, consulte la **sección A.1. Comandos de Windows**

---

4. **Analizar tráfico con PowerShell:**

```
PS C:\Windows\system32> Get-NetTCPConnection | Where-
Object {$_.State -eq "Established"}
```

Filtra conexiones activas y verifica las direcciones remotas en AbuseIPDB. Una base de datos pública que identifica direcciones IP y dominios asociados con actividades sospechosas o maliciosas. Para más información visita la página web: **abuseipdb.com**

 **Nota**

Recuerde ejecutar la consola en modo administrador en Windows 10 y 11. Primero, presionando en el icono de búsqueda en la barra de tareas y escribir "cmd". Segundo, haciendo clic derecho sobre "Símbolo del sistema" y seleccionar "Ejecutar como administrador".

En Linux:

1. **Monitorear conexiones:**

   - Abrir la terminal (CLI) presionando de forma simultánea las teclas (Ctrl + Alt + T) y ejecutar el comando:

   ```
   root@ubuntu:/home/arturo# netstat -tulpn
   ```

   Muestra puertos abiertos y procesos asociados. Puertos como 6667 (IRC) o 31337 (BackOrifice) son sospechosos.

2. **Ver procesos en tiempo real:**

   ```
   root@ubuntu:/home/arturo# top
   ```

   Identifica procesos que consumen recursos excesivos (CPU o RAM), comunes en cryptojacking.

3. **Buscar archivos modificados recientemente:**

   ```
   root@ubuntu:/home/arturo# find / -type f -mtime -3
   ```

   Lista archivos modificados en los últimos 3 días. Útil para detectar ransomware.

4. **Buscar archivos modificados recientemente:**

   ```
   root@ubuntu:/home/arturo# grep "Failed password" /var/
   log/auth.log
   ```

   Detecta intentos de acceso SSH fallidos, señal de ataques de fuerza bruta.

 **Nota**

Se recomienda ejecutar estos comandos como superusuario. Abrir la terminal normal, y escribir "sudo su" e introducir la contraseña del usuario administrador. Otra opción, es anteponer el comando "sudo" a cualquier acción que requiera permisos de administrador, por ejemplo: **sudo apt update**

1.6 TIPOS DE CIBERSEGURIDAD

La ciberseguridad es un campo multidimensional que requiere enfoques especializados según el contexto. Además de la **ciberseguridad de la infraestructura crítica** y la **seguridad de la red**, un área igualmente vital es la **ciberseguridad industrial**. Estos tres pilares son fundamentales para proteger sistemas esenciales, datos y procesos en un mundo cada vez más interconectado. A continuación, profundizaremos en cada uno, destacando sus particularidades, desafíos y estrategias de protección.

En esta sección, exploraremos en profundidad estos dos tipos de ciberseguridad, sus desafíos, estrategias y su relevancia en el mundo actual.

1.6.1 Ciberseguridad de la infraestructura crítica

La infraestructura crítica se refiere a los sistemas y activos físicos o virtuales cuyo funcionamiento es indispensable para la seguridad económica, física o social de un país. Estos incluyen sectores como:

- Energía (plantas eléctricas, redes de distribución).
- Agua (sistemas de tratamiento y suministro).
- Salud (hospitales, equipos médicos conectados).
- Transporte (aeropuertos, redes ferroviarias, semáforos inteligentes).
- Comunicaciones (torres de telefonía, centros de datos).
- Servicios financieros (bancos, sistemas de pago).

Un ataque exitoso contra cualquiera de estos sistemas podría causar caos, pérdidas económicas masivas o incluso poner en riesgo vidas humanas. Por ejemplo, en 2021, el ciberataque al oleoducto Colonial Pipeline en Estados Unidos paralizó el suministro de combustible en la costa este, demostrando la vulnerabilidad de estas infraestructuras.

Desafíos únicos

Interconexión y dependencia: muchas infraestructuras críticas están interconectadas. Un fallo en una red eléctrica podría afectar a hospitales o sistemas de transporte.

- **Tecnologías obsoletas**: muchos sistemas operan con hardware y software heredado que no se diseñó para resistir ciberamenazas modernas.

▶ **Alto impacto de los ataques:** los ciberdelincuentes o grupos patrocinados por estados pueden buscar sabotear servicios esenciales para desestabilizar países.

▶ **Regulaciones fragmentadas:** la coordinación entre sectores públicos y privados suele ser compleja, especialmente en contextos internacionales.

Figura 1.7. Ejemplo de infraestructura critica – Planta Eléctrica Fuente: https://www.segurilatam.com/

Estrategias de protección

▶ **Evaluación de riesgos continuas:** identificar vulnerabilidades específicas de cada sector mediante análisis técnicos y simulaciones de ataques.

▶ **Implementación de estándares robustos:** adoptar marcos como el NIST Cybersecurity Framework o la directiva NIS2 en la Unión Europea, que establecen requisitos mínimos de seguridad.

▶ **Resiliencia operativa:** diseñar sistemas redundantes y protocolos de recuperación ante desastres. Por ejemplo, backups desconectados de la red (air-gapped) para evitar su corrupción.

▶ **Colaboración público-privada:** compartir inteligencia sobre amenazas entre gobiernos y empresas. Iniciativas como los CERTs (Equipos de Respuesta ante Emergencias Informáticas) son clave.

▶ **Inversión en tecnologías emergentes:** usar Inteligencia Artificial (IA) para detectar anomalías en tiempo real o blockchain para asegurar cadenas de suministro.

1.6.2 Ciberseguridad Industrial

Se centra en proteger **sistemas de control industrial (ICS)**, como SCADA (Supervisory Control and Data Acquisition) y dispositivos IoT operacionales (PLC, sensores), utilizados en sectores como:

▶ **Manufactura** (robótica, líneas de producción).
▶ **Energía** (plantas nucleares, redes eléctricas).
▶ **Petróleo y gas** (oleoductos, refinerías).
▶ **Agua** (sistemas de tratamiento automatizado).

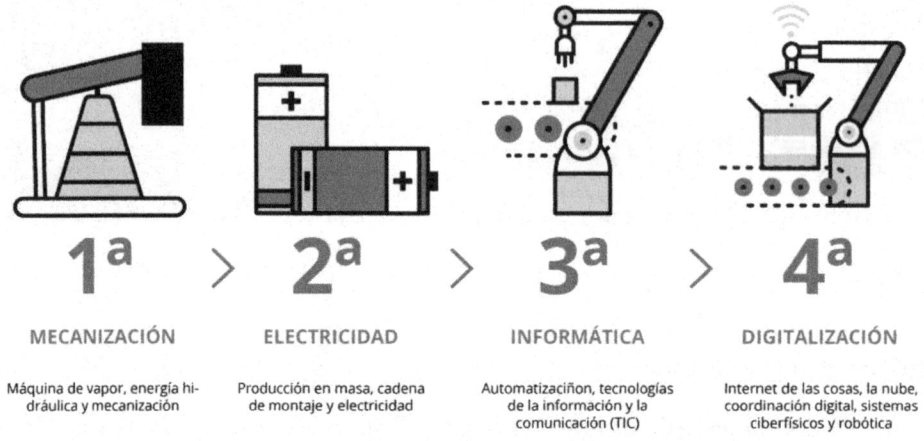

1ª	2ª	3ª	4ª
MECANIZACIÓN	ELECTRICIDAD	INFORMÁTICA	DIGITALIZACIÓN
Máquina de vapor, energía hidráulica y mecanización	Producción en masa, cadena de montaje y electricidad	Automatizaciñon, tecnologías de la información y la comunicación (TIC)	Internet de las cosas, la nube, coordinación digital, sistemas ciberfísicos y robótica

Figura 1.8. Infografía sobre la industria 4.0 Fuente: https://sotesa.com/ciberseguridad-y-la-industria-4-0/

A diferencia de las redes IT tradicionales, estos sistemas priorizan la **disponibilidad y seguridad física** sobre la confidencialidad. Un ataque podría detener una planta química o manipular parámetros de presión en una tubería, con consecuencias catastróficas.

Amenazas específicas

▸ **Ataques dirigidos a ICS/OT:** ej. Stuxnet (2010), que dañó centrifugadoras nucleares iraníes.

▸ **Explotación de protocolos inseguros:** muchos ICS usan protocolos antiguos (Modbus, DNP3) sin cifrado.

▸ **Convergencia IT/OT**: la conexión de redes operacionales (OT) con internet las expone a amenazas externas.

▸ **Actualizaciones imposibles:** parchear sistemas en funcionamiento continuo (ej. una refinería) es complejo.

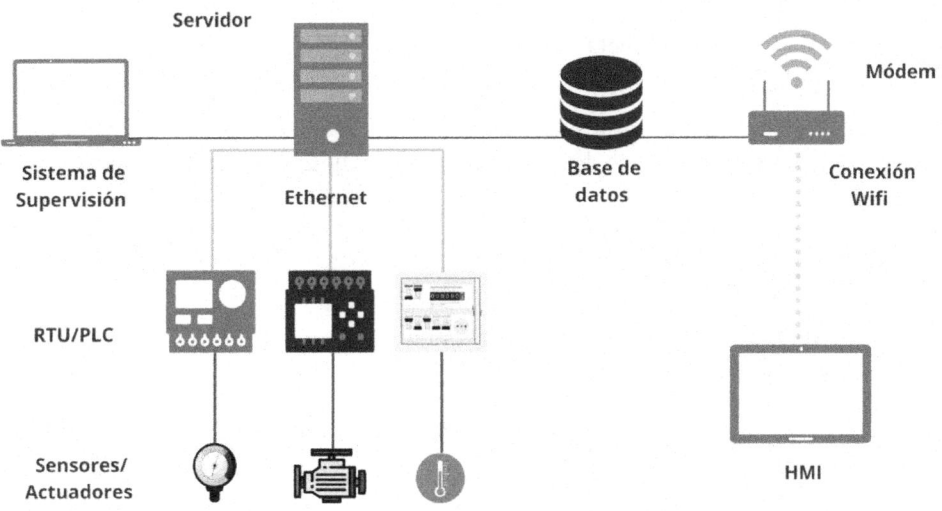

Figura 1.9. Diagrama de una red SCADA. Fuente: https://www.nunsys.com/scada/

Estrategias de protección

▸ **Segmentación estricta:** aislar redes OT de las IT mediante DMZ industriales (zonas desmilitarizadas).

▸ **Monitorización pasiva:** usar herramientas como Network TAPs para analizar tráfico sin afectar operaciones.

▸ **Hardening de dispositivos:** deshabilitar puertos USB, actualizar firmware y eliminar cuentas predeterminadas.

▼ **Protocolos seguros:** migrar a versiones cifradas de protocolos industriales (ej. OPC UA en lugar de OPC Classic).

▼ **Resiliencia operativa:** diseñar sistemas manuales de respaldo para tomar el control en caso de ciberataque.

1.6.3 Seguridad de la red

La seguridad de la red se enfoca en proteger la integridad, confidencialidad y disponibilidad de los datos que circulan a través de redes informáticas. Esto incluye:

▼ **Redes corporativas** (LAN, WAN).

▼ **Internet** (comunicaciones globales).

▼ **Dispositivos conectados** (routers, switches, servidores).

A diferencia de la infraestructura crítica, la seguridad de la red es relevante para organizaciones de todos los tamaños, desde una PYME hasta un usuario doméstico.

Amenazas comunes

▼ **Malware:** Software malicioso como ransomware, troyanos o spyware que infecta dispositivos.

▼ **Ataques DDoS:** sobrecarga de redes con tráfico falso para inhabilitar servicios.

▼ **Phishing y suplantación de identidad:** engaños para robar credenciales o información sensible.

▼ **Explotación de vulnerabilidades:** fallos en software o configuraciones deficientes que son aprovechados por atacantes.

▼ **Amenazas internas:** empleados o socios que, accidental o deliberadamente, comprometen la red.

Estrategias de protección

Firewalls y sistemas de detección de intrusiones (IDS/IPS): filtran tráfico malicioso y bloquean accesos no autorizados.

▼ **Cifrado de datos:** protege información en tránsito (ej. HTTPS, VPNs) y en reposo.

▼ **Segmentación de redes:** divide la red en zonas para limitar el movimiento lateral de atacantes.

▼ **Gestión de accesos**: autenticación multifactor (MFA) y principio de mínimo privilegio.

▼ **Actualizaciones y parches:** corregir vulnerabilidades conocidas en sistemas operativos y aplicaciones.

▼ **Concienciación y formación:** capacitar a empleados para identificar correos sospechosos o enlaces fraudulentos.

Interdependencia y diferencias clave

Aunque la ciberseguridad de la infraestructura crítica y la seguridad de la red son disciplinas separadas, están profundamente interconectadas. Por ejemplo:

▼ **Una red eléctrica** (infraestructura crítica) depende de redes seguras para operar sus sistemas de control industrial (ICS).

▼ Un fallo en la seguridad de la red corporativa de un hospital podría comprometer equipos médicos conectados, afectando la infraestructura crítica de salud.

Diferencias principales:

Aspecto	Infraestructura Crítica	Ciberseguridad industrial	Seguridad de la Red
Objetivo principal	Protección de servicios esenciales.	Garantizar continuidad operativa.	Protección de datos y comunicaciones.
Alcance	Sectorial (energía, salud, etc.).	Disponibilidad y seguridad física.	Universal (cualquier organización).
Impacto de un ataque	Nacional o global.	Industrial/ medioambiental.	Local o corporativo.
Tecnologías clave	SCADA, IoT industrial.	PLCs, sistemas SCADA, protocolos OT.	Firewalls, VPNs, IDS.

Tendencias y recomendaciones integradoras

▸ **Enfoque Zero Trust para OT:** limitar accesos incluso dentro de redes industriales.

▸ **Formación especializada:** capacitar equipos en protocolos industriales y riesgos específicos.

▸ **Simulaciones de ataques:** realizar red teaming que combine vulnerabilidades IT y OT.

▸ **Regulaciones específicas:** cumplir con normas como IEC 62443 para sistemas industriales.

Innovaciones destacada

▸ La petrolera Saudi Aramco implementó una arquitectura de red segmentada y monitorización 24/7 tras el ataque Shamoon (2012).

▸ La empresa alemana Siemens desarrolló Security Defense-in-Depth para sus PLCs, integrando cifrado y autenticación robusta.

▸ En Alemania, la empresa Siemens implementó en 2023 gemelos digitales (réplicas virtuales de infraestructuras) para simular ciberataques y entrenar equipos de respuesta.

Consejos prácticos para organizaciones

▸ Realice auditorías periódicas de seguridad.

▸ Invierta en seguros contra ciberriesgos.

▸ Participe en ejercicios de simulación de ciberataques (ej. red team vs. blue team).

ⓘ Nota

La ciberseguridad ya no puede abordarse de forma genérica. Mientras la **infraestructura crítica** exige colaboración intersectorial y resiliencia nacional, la **seguridad de la red** protege el flujo de información en un mundo digital. Por su parte, la **ciberseguridad industrial** es el guardián de los procesos físicos que sostienen la economía global. Juntas, estas disciplinas forman un ecosistema de protección donde la caída de un componente amenaza a los demás. En "Ciberseguridad para todos", entender estas diferencias y sinergias es el primer paso hacia un futuro más seguro.

2

PROTECCIÓN DE SISTEMAS, DISPOSITIVOS Y CONTENIDOS DIGITALES

"La seguridad no es un producto, sino un proceso".

Bruce Schneier

En un mundo donde nuestros dispositivos son extensiones de nuestra vida personal y profesional, protegerlos no es una opción, sino una necesidad. Este capítulo te guiará paso a paso para blindar tus sistemas operativos, móviles, dispositivos IoT y datos sensibles, usando herramientas gratuitas, prácticas accesibles y consejos aplicables para todos.

Vivimos en un mundo donde lo digital y lo físico se entrelazan de manera inseparable. Nuestros teléfonos almacenan recuerdos, los ordenadores gestionan trabajos y estudios, y hasta los electrodomésticos están conectados a internet. Pero esta hiperconectividad tiene un precio: cada dispositivo, sistema o archivo digital es un potencial blanco para ciberdelincuentes.

¿Cómo podemos disfrutar de las ventajas de la tecnología sin exponernos a riesgos innecesarios? La respuesta está en la **protección activa y consciente**.

Este capítulo no asume que tengas conocimientos técnicos avanzados. Al contrario, está diseñado para guiarte paso a paso en la creación de un escudo digital personalizado. Aprenderás a:

1. **Proteger sistemas operativos** (Windows, Linux, macOS) contra intrusiones.

2. **Asegurar dispositivos** (móviles, tablets, IoT) frente a amenazas físicas y virtuales.

3. **Resguardar contenidos digitales** (fotos, documentos, contraseñas) de robos o pérdidas.

¿Por qué es urgente actuar?

Imagina estos escenarios:

▶ Un hacker accede a tu cámara web y te chantajea con grabaciones privadas.

▶ Pierdes años de trabajo por un ransomware que cifra los archivos de tu empresa.

▶ Tu hijo descarga una app que roba los datos de tu tarjeta de crédito.

Estos no son argumentos de películas. En 2023, el **86% de las brechas de seguridad** se debieron a errores humanos o configuraciones deficientes, según Verizon. La buena noticia es que, con medidas simples y gratuitas, puedes reducir hasta un **95% de los riesgos**.

"Un candado en un portátil evita su robo, pero sin cifrado, el ladrón accederá a los datos. La seguridad es una cadena: cada eslabón (hardware, SO, apps) debe reforzarse".

Arturo E. Mata.

2.1 SEGURIDAD DEL HARDWARE

La seguridad digital suele asociarse con firewalls, antivirus o contraseñas. Sin embargo, ningún software podrá protegerte si un ladrón roba tu portátil, un intruso manipula el router de tu casa o un derrame de café destruye el disco duro con tus datos. Los precios son aproximados, actualizados al año 2025.

La seguridad de hardware es la primera línea de defensa en el mundo físico, y en esta sección aprenderás a implementarla de forma práctica, económica y efectiva.

¿Por qué es crucial proteger el hardware?

Los dispositivos físicos son la puerta de entrada a tus datos. Un atacante con acceso directo a tu equipo puede:

- **Robar información** extraíble (discos duros, memorias USB).
- **Instalar keyloggers** (dispositivos que registran lo que escribes).
- **Modificar componentes** (ej. alterar el firmware de una cámara para espiar).
- **Destruir equipos** para causar pérdidas económicas u operativas.

Considerar 3 pilares claves:

- **Protege** (evitar robos).
- **Detecta** (manipulaciones o accesos no autorizados).
- **Recupera** (mitigación de daños y eliminación segura).

Un router con firmware antiguo es como una puerta abierta: aísla dispositivos obsoletos en redes separadas y restringe su acceso físico.

Datos alarmantes:

- El **30% de las fugas de datos** en empresas se deben a robos o pérdidas de dispositivos (Informe Ponemon Institute).

- El **65% de los usuarios** nunca ha cifrado sus discos duros, facilitando el acceso a datos si el equipo es sustraído (Estudio ESET).

2.1.1 Tipos de amenazas físicas y cómo contrarrestarlas

La seguridad de hardware se divide en tres frentes principales:

1. **Protección contra robos: no solo es cuestión de candados**

   Los robos de dispositivos son comunes en espacios públicos, oficinas e incluso hogares. Estos son los métodos más efectivos para disuadir a los ladrones o recuperar equipos:

   a) **Bloqueo físico con cables de seguridad**

   Qué son: cables de acero con combinación o llave que se anclan a puertos Kensington (presentes en la mayoría de los portátiles, monitores o consolas).

Cómo usarlos:

– Enrolla el cable alrededor de un objeto fijo (ej. una mesa) y conéctalo al puerto Kensington del dispositivo.

– Para PCs de escritorio, usa **candados para torres** que impiden abrir la carcasa.

Costo aproximado: desde $15 en Amazon. Marcas recomendadas: Kensington, Targus.

Figura 2.1. Candado de seguridad para laptop con combinación Fuente: https://www.kensington.com/

b) **Etiquetas antirrobo con GPS**

Qué son: dispositivos como **Tile** o **Apple AirTag** que se adhieren a equipos y permiten rastrearlos mediante Bluetooth.

ⓘ **Ejemplo práctico:**

Si te roban la mochila con tu portátil, usa la app asociada para ver la ubicación en tiempo real y compartirla con la policía.

Limitaciones: requieren que el ladrón esté cerca de otros dispositivos con Bluetooth activo (para AirTag).

Figura 2.2. Apple AirTag Fuente: https://www.apple.com/es/airtag/

c) **Marcado de equipos**

– **Grabado láser:** inscribe tu nombre o DNI en el dispositivo. Esto reduce su valor en el mercado negro.

– **Etiquetas UV:** usa tinta invisible para marcar el equipo con tus datos. Solo es visible con luz ultravioleta (útil para identificarlo ante autoridades).

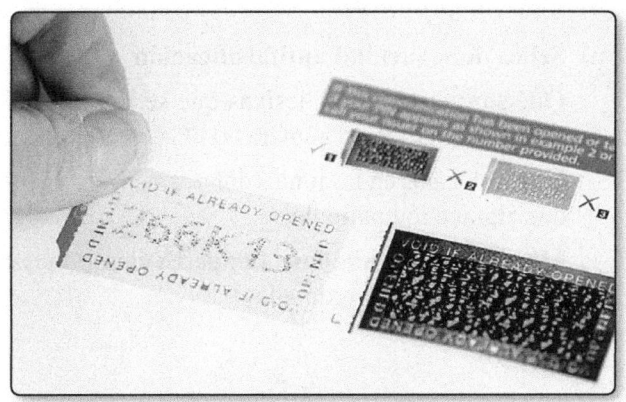

Figura 2.3. Etiquetas con tintas de seguridad o invisibles
Fuente: https://www.hsasystems.com/es/

d) **Habilitar funciones antirrobo en el software**

– **Find My Device:** permite bloquear o borrar remotamente un portátil perdido.

Activación: Configuración > Actualización y seguridad > Buscar mi dispositivo.

– **Buscar mi iPhone/Mac (Apple):** similar, pero integrado en iCloud.

Precaución: estas herramientas requieren que el dispositivo esté encendido y conectado a internet.

e) **Conciencia situacional**

– **En espacios públicos:** nunca dejes tu portátil desatendido en bibliotecas o cafeterías.

– **En vehículos:** guarda los dispositivos en el maletero, no a la vista.

2. **Prevención de manipulaciones maliciosas: evita el "hardware espía"**

Los atacantes pueden modificar físicamente tus dispositivos para espiarte o dañarlos. Casos comunes:

● **Skimmers en cajeros automáticos:** dispositivos que clonan tarjetas bancarias.

● **Keyloggers en teclados:** pequeños aparatos que registran todo lo que escribes.

● **Alteración de cámaras IoT:** insertar malware en firmware para acceder a grabaciones.

Medidas de protección:

a) **Sellos de seguridad antifalsificación**

Qué son: etiquetas adhesivas que se rompen al intentar despegarlas. Ideales para routers, cámaras o PCs en áreas compartidas.

Uso: colócalas en las juntas del dispositivo. Si el sello está roto, sabrás que alguien lo manipuló.

Marcas recomendadas: TamperEvidentBands.com, $5 por paquete de 50. (precios aproximados)

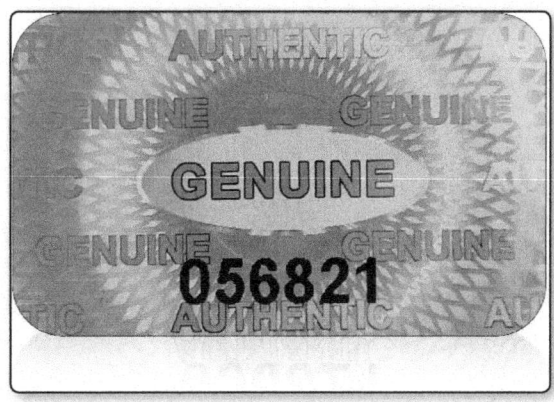

Figura 2.4. Holograma Sello de seguridad. Fuente: https://www.amazon.es/

b) **Cámaras de vigilancia económica**

– **Dispositivos como Wyze Cam:** graban movimiento 24/7 y envían alertas a tu móvil. Útil para monitorear equipos en oficinas o salas de servidores.

– **Configuración clave:** almacena las grabaciones en la nube (no solo en la tarjeta SD, que podría robarse).

Figura 2.5. Imagen referencial de una cámara de video vigilancia para exterior e interior "Wyze Cam v4" fabricado por Wyze (https://www.wyze.com)

c) **Bloqueo de puertos USB**

Riesgo: un atacante puede insertar un USB malicioso (ej. Rubber Ducky) que instala malware en segundos.

Figura 2.6. Imagen referencial de un dispositivo "USB Rubber Ducky" fabricado por Hak5 (https://shop.hak5.org/)

Soluciones:

- **Bluetooth USB Lock (software gratuito)**: desactiva los puertos USB cuando no estás presente.

- **Candados físicos para puertos**: adaptadores de metal que impiden la conexión de dispositivos externos.

Figura 2.7. Imagen referencial de un dispositivo de Bloqueo de puertos USB fabricado por Logilink AU0045. Fuente: (https://www.amzon.es/

d) **Inspección física regular**

Checklist para dispositivos críticos (ej. enrutadores):

– ¿Hay componentes desconocidos conectados?

– ¿Las luces LED parpadean de forma inusual?

– ¿El dispositivo se recalienta sin motivo?

3. **Mitigación de daños físicos: agua, caídas y sobrecargas**

Los accidentes son inevitables, pero sus consecuencias no. Protege tus dispositivos de:

- Daños por líquidos: café, lluvia, humedad.
- Golpes y caídas: portátiles, móviles, discos externos.
- Problemas eléctricos: sobretensiones, cortocircuitos.

Estrategias comprobadas:

a) **Fundas y estuches resistentes**

– Para portátiles: fundas con espuma de memoria.

– Para móviles: estuches militares (estándar MIL-STD-810G) como Otterbox Defender.

– Para discos duros: carcasas antiimpacto de silicona (ej. LaCie Rugged).

Figura 2.8. Imagen referencial de una carcasa antiimpacto "LaCie Rugged" fabricado por LaCie (https://www.seagate.com/products/lacie/)

b) **Protección contra líquidos**

- – Bolsas impermeables: para usar el móvil bajo la lluvia (ej. JOTO Universal, $10).

- – Teclados resistentes a derrames: ideales para oficinas (ej. Logitech K310, $30, lavable bajo el grifo).

c) **Reguladores de voltaje y SAI**

- – Supresores de picos: evitan que una sobretensión queme tus dispositivos (ej. Belkin SurgeProtect.

- – Sistemas de Alimentación Ininterrumpida (SAI): dan tiempo para guardar trabajo y apagar equipos durante cortes (ej. APC Back-UPS).

Figura 2.9. Imagen referencial del producto "APC UPS Back-UPS" fabricado por APC (https://www.apc.com)

d) **Mantenimiento preventivo**

- – Limpieza de ventiladores: usa aire comprimido cada 3 meses para evitar sobrecalentamiento.

- – Reemplazo de baterías hinchadas: una batería abultada puede explotar. Llévala a un centro autorizado.

Medida	Costo Aprox. ($US)	Beneficio	Nivel de Protección
Cable Kensington para Computador/ Laptop	10–30	Evita robos oportunistas	Medio
AirTag/ Tile	25–35	Rastreo post-robo	Alto
Fundas Faraday para teléfonos	20–40	Bloquea señales (GPS, WiFi, RFID)	Alto
Sellos antifalsificación para discos duros, routers, módems, servidores, equipos médicos, entre otros	5–15	Detecta manipulaciones	Bajo
Funda Otterbox para teléfonos	5–15	Soporta caídas de 2 metros	Alto
Regulador de voltaje para Computador/ Laptop	20-50	Protege contra sobretensiones	Medio

Tabla 2.1. Tabla comparativa: Costo vs. Beneficio de las medidas de seguridad física

2.1.2 Consejos de protección de hardware por tipo de dispositivo

1. **Portátiles**:

   - **Nunca** los dejes en habitaciones de hotel sin usar la caja fuerte.

   - Usa **cortinas de privacidad** para evitar que otros vean tu pantalla en aviones o trenes.

2. **Móviles**:

   - Activa el **bloqueo remoto** (Android Device Manager o Find My iPhone).

   - Instala una **app de alarma antirrobo** como Prey (gratis para 3 dispositivos).

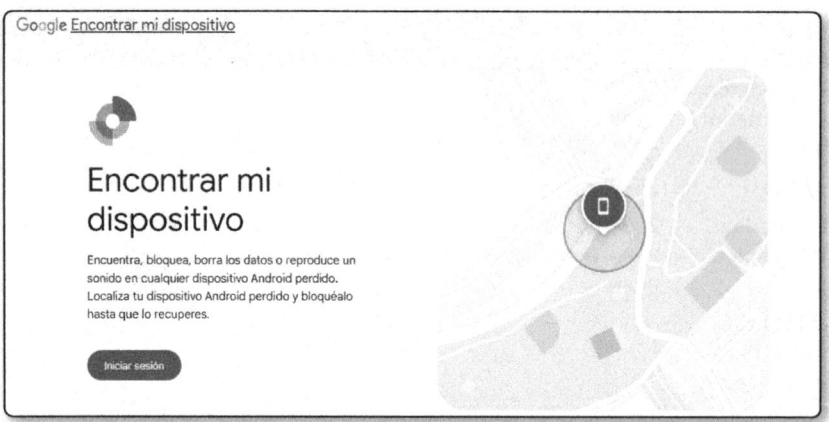

Figura 2.10. Imagen referencial del sitio web "Find My iPhone" desarrollado
por Google (https://www.google.com/android/find/about)

3. **Dispositivos IoT (ej. cámaras)**:

   - Cambia las **credenciales predeterminadas** (admin/1234).
   - Colócalos en lugares altos y discretos para evitar sabotajes físicos.

4. **Discos duros externos**:

   - **Cifra el almacenamiento** con VeraCrypt (gratis).
   - Guárdalos en cajas ignífugas (en Amazon) ante incendios o inundaciones.

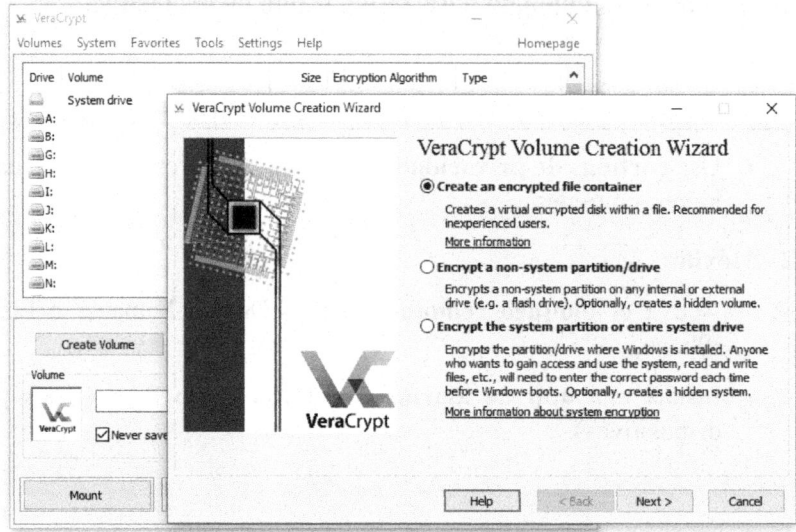

Figura 2.11. /magen referencial del aplicativo "VeraCrypt" desarrollado
por IDRIX (https:// https://www.veracrypt.fr/)

2.1.3 Protección física contra robos y accesos no autorizados

"Los ladrones no solo roban dispositivos: pueden extraer discos duros para acceder a tus datos. Usa tornillos de seguridad (Torx) para evitar aperturas no autorizadas".

Figura 2.12. Imagen referencial de un tornillo de seguridad antirrobo "Torx"

¿Cómo protegerse de ciertos ataques al hardware?

> **Ingeniería social física:**

"¿Un técnico quiere revisar tu router? Verifica su identificación y acompaña siempre el proceso".

> **Blindaje de puertos y periféricos**

Bloqueadores físicos para puertos: Un USB Killer puede freír tu computadora en segundos. Usa tapones de metal (ej. PortLocker) en puertos desocupados.

> **Protección de periféricos:**

"Teclados y ratones inalámbricos son vulnerables a interceptación. Usa dispositivos con cifrado AES (ej. Logitech MX Keys)".

Checklist final:

Antes de salir de casa u oficina:

> *¿Tu dispositivo está asegurado con un cable antirrobo?*
> *¿Tienes activada la geolocalización?*
> *¿Los puertos USB están bloqueados?*
> *¿El disco duro está cifrado?*

Caso de estudio: cómo una periodista protegió sus dispositivos en zona de conflicto

En 2023, la reportera Ana Martínez cubrió un conflicto armado usando estas medidas:

- ▼ **Portátil**: cifrado completo + cable Kensington sujeto a su cinturón con un mosquetón.

- ▼ **Cámaras**: etiquetas antifalsificación en las tarjetas SD y fundas estancas.

- ▼ **Móvil**: funda Otterbox + app Prey con geolocalización.

Resultado: a pesar de sufrir un intento de robo, recuperó todos sus equipos intactos.

ⓘ Nota

Proteger el hardware no requiere ser un experto ni gastar miles. Con **$100**, puedes adquirir un cable Kensington, un regulador de voltaje y una funda resistente, reduciendo riesgos en un **70%**. Recuerda: la tecnología más avanzada será inútil si no cuidas el dispositivo que la alberga. En la próxima sección, llevaremos estas bases al mundo digital con herramientas de software.

2.2 SEGURIDAD DEL SOFTWARE

El Software como guardián de lo digital

El software es el "cerebro" que gestiona nuestros dispositivos, pero sin protección adecuada, puede convertirse en la puerta trasera para ciberdelincuentes. Esta sección te enseñará a blindar sistemas operativos, aplicaciones, datos e información con herramientas gratuitas y hábitos inteligentes.

El software es el arquitecto invisible que gobierna nuestras vidas digitales. Desde el sistema operativo que gestiona nuestro portátil hasta la aplicación que controla el termostato del hogar, actúa como un guardián que decide quién entra, quién sale y cómo se protegen los secretos. Pero, ¿qué sucede cuando este guardián tiene grietas en su armadura?

En 2023, el 78% de los ciberataques exitosos explotaron vulnerabilidades en software obsoleto o mal configurado (Informe Verizon DBIR). Esta sección revela cómo convertir al software de *puerta trasera* a *fortaleza inexpugnable*, usando estrategias accesibles para todos.

2.2.1 Sistemas Operativos: cimientos de la seguridad

Los sistemas operativos (SO) son los cimientos sobre los que se construye la seguridad digital. Un SO desprotegido es como un edificio con ventanas abiertas: cualquiera puede colarse.

Conceptos clave:

- ▶ **Actualizaciones**: no son solo "nuevas funciones". Son parches que tapan agujeros explotados por ciberdelicuentes. Por ejemplo, la actualización KB5012170 de Windows corrigió una vulnerabilidad en el arranque seguro que permitía instalar malware en el firmware.

- ▶ **Cuentas de usuario**: usar una cuenta de administrador para navegar es como conducir un Ferrari sin cinturón: un error con consecuencias catastróficas. El 94% del malware requiere privilegios de admin para operar (Avast).

- ▶ **Firewalls**: son los guardias que filtran quién entra y sale. En Linux, ufw (Uncomplicated Firewall) bloquea puertos innecesarios con un solo comando.

ⓘ Caso real

En 2022, un ataque a servidores de una universidad española fue detenido porque el firewall bloqueó 15,000 intentos de conexión en una hora, todos dirigidos a un puerto RDP expuesto.

Medidas prácticas por cada Sistema Operativo:

Windows	GNU/Linux	Android
Activar Windows Defender	Usar SELinux/AppArmor	Habilitar Google Play Protect
Configurar BitLocker para cifrado	Actualizar con sudo apt update	Cifrar dispositivo en Ajustes
Deshabilitar SMBv1 (vulnerable)	Instalar fail2ban contra ataques	Evitar rootear el dispositivo

ⓘ Casos reales

■ En 2023, un hospital en Brasil evitó un ataque de ransomware gracias a una actualización oportuna del kernel Linux en sus servidores críticos.

■ En 2022, un ataque a servidores de una universidad española fue detenido porque el firewall bloqueó 15,000 intentos de conexión en una hora, todos dirigidos a un puerto RDP expuesto.

a) Actualizaciones: parches que cierran puertas a los atacantes

Las actualizaciones son vacunas digitales. Corrigen vulnerabilidades como *CVE-2023-21608* (una falla crítica en Windows que permitía a los atacantes obtener privilegios de administrador). Ignorarlas es como dejar una ventana abierta en un barrio peligroso.

Windows (CMD y PowerShell):

- **Verificar actualizaciones pendientes**: ejecutar como administrador

```
PS C:\Windows\system32> Get-WindowsUpdate
```

Para el siguiente comando CMD se requiere conexión a internet

```
C:\Windows\system32> wuauclt /detectnow
```

- **Instalar actualizaciones críticas:**

```
PS C:\Windows\system32> Install-WindowsUpdate -AcceptAll
-AutoReboot
```

- **Automatizar actualizaciones:**

```
PS C:\Windows\system32> Set-ItemProperty -Path "HKLM:\
SOFTWARE\Policies\Microsoft\Windows\WindowsUpdate\AU"
-Name "NoAutoUpdate" -Value 0
```

Linux (Terminal):

- **Actualizar repositorios y paquetes (Debian/Ubuntu):**

```
root@ubuntu:/home/arturo# sudo apt update && sudo apt
upgrade -y
```

- **Actualizar kernel (Red Hat/CentOS):**

```
root@ubuntu:/home/arturo# sudo yum update kernel -y
```

- **Programar actualizaciones automáticas:** instalar "unattended-upgrades" en Debian/Ubuntu

```
root@ubuntu:/home/arturo# sudo apt install unattended-
upgrades
root@ubuntu:/home/arturo# sudo dpkg-reconfigure
unattended-upgrades
```

ⓘ **Caso práctico**

El ransomware WannaCry (2017) explotó la vulnerabilidad EternalBlue en Windows. Microsoft había lanzado un parche dos meses antes, pero quienes no actualizaron perdieron sus datos.

Figura 2.13. Imagen referencial de un ataque WannaCry (2017)

b) **Cuentas de usuario: menos privilegios, más seguridad**

El 94% del malware requiere derechos de administrador para operar (Avast). Limitar permisos es como dar llaves parciales: incluso si un atacante entra, no puede tomar el control total.

Windows (CMD y PowerShell):

- **Crear un usuario estándar:**

```
PS C:\Windows\system32> New-LocalUser -Name
"UsuarioEstandar" -Description "Cuenta sin privilegios"
-NoPassword
```

- **Quitar privilegios de administrador:**

```
PS C:\Windows\system32> Remove-LocalGroupMember -Group
"Administradores" -Member "UsuarioRiesgoso"
```

- **Verificar privilegios de una cuenta:**

```
C:\Windows\system32> net user [nombre_de_usuario]
```

Linux (Terminal):

- **Crear usuario sin permisos de sudo:**

```
root@ubuntu:/home/arturo# sudo useradd -m -s /bin/bash
usuario_seguro
```

- **Restringir acceso a sudo:**

```
root@ubuntu:/home/arturo# sudo visudo
# Eliminar la línea: %sudo ALL=(ALL:ALL) ALL
```

- **Auditar cuentas con privilegios:**

```
root@ubuntu:/home/arturo# grep -Po '^sudo.+:\K.*$' /etc/
group
```

ⓘ Nota

Nunca navegues ni abras archivos adjuntos usando una cuenta de administrador. Para tareas diarias, crea un usuario estándar.

2.2.2 Aplicaciones: los soldados en la primera línea

Las aplicaciones son los soldados que ejecutan órdenes, pero un soldado corrupto puede entregar las llaves del reino.

a) **Amenazas comunes**:

- **Inyección SQL:** ocurre cuando una app no sanitiza entradas de usuario. En 2021, un ataque de este tipo robó 40 millones de registros médicos de una clínica en México.

- **Desbordamiento de búfer:** ciberdelincuentes sobrecargan la memoria para inyectar código malicioso. El 23% de los exploits usan esta técnica (MITRE).

¿Qué es el Marco MITRE ATT&CK?

El **Marco MITRE ATT&CK** (Adversarial Tactics, Techniques, and Common Knowledge) es una base de conocimiento público y detallado que describe las tácticas, técnicas y procedimientos (TTPs) que los ciberdelincuentes utilizan para atacar sistemas y redes. Desarrollado por la organización sin fines de lucro MITRE, este marco se basa en observaciones del mundo real y se actualiza constantemente para reflejar las últimas amenazas. Su objetivo es ayudar a organizaciones y profesionales de ciberseguridad a entender, detectar y defenderse de ataques avanzados mediante un lenguaje común y estructurado.

¿Por qué es importante?

- **Identificar patrones de ataque**: permite mapear las acciones de un atacante en etapas específicas (ej: acceso inicial, movimiento lateral, exfiltración de datos).

- **Mejorar la detección**: al conocer las técnicas usadas, las empresas pueden configurar herramientas de monitoreo para buscar señales de alerta.

- **Priorizar defensas**: ayuda a enfocar recursos en proteger los puntos más críticos y explotados por los atacantes.

Estructura del Marco ATT&CK

El marco se organiza en **tácticas** (objetivos del atacante), **técnicas** (acciones para lograr esos objetivos) y **subtécnicas** (variantes específicas). Por ejemplo:

- **Táctica**: *acceso Inicial*.
- **Técnica**: *Phishing*.
- **Subtécnica**: *adjuntos maliciosos en correos*.

Parámetros clave para analizar ataques

A continuación, un cuadro que resume elementos críticos vinculados a las técnicas del marco ATT&CK, útiles para investigar y mitigar amenazas:

Parámetro	Descripción	Ejemplos
TTPs	Tácticas, Técnicas y Procedimientos usados por el atacante.	*Phishing (T1112), Ejecución de PowerShell (T1059.001), Movimiento lateral (T1021).*
Herramientas	Software o scripts utilizados para llevar a cabo el ataque.	*Mimikatz (robo de credenciales), Cobalt Strike (comando y control), Metasploit.*
Artefactos de red	Actividad observable en la red durante un ataque.	*Peticiones HTTP anómalas, conexiones a dominios sospechosos, tráfico en puertos no usuales.*
Nombres de dominio	Dominios registrados por atacantes para operar.	*update-microsoft[.]online, secure-paypal[.]xyz (dominios de phishing).*
Direcciones IP	IPs asociadas a servidores maliciosos o nodos de comando y control (C2).	*185.130.5.231, 45.134.26.100 (usadas en ataques de ransomware).*
Valores hash	Huellas digitales únicas de archivos maliciosos (MD5, SHA-1, SHA-256).	*MD5: a3f3cd65b4d13b0d24d8e4f5a5c5a5c5 (ej: ransomware WannaCry).*

Ejemplo práctico: ataque de Ransomware

1. **TTPs**:

   - *Táctica*: acceso inicial (Ej: phishing con adjunto malicioso).
   - *Técnica*: ejecución de script (T1064) para desplegar el ransomware.

2. **Herramientas**: *Ryuk ransomware, PowerShell.*

3. **Artefactos de red**: conexiones a IPs en Rusia o países de alto riesgo.

4. **Dominios**: *decrypt-payment[.]top* (para exigir rescate).

5. **Hash del archivo**: *SHA-256: 8a3d9e...* (identifica el ransomware).

¿Cómo usar MITRE ATT&CK?

1. **Simular ataques**: usar herramientas como *Caldera* (de MITRE) para probar defensas.

2. **Mapear detecciones**: alinear registros de seguridad (ej: SIEM) con técnicas ATT&CK.

3. **Priorizar parches**: si una técnica como *Pass-the-Hash (T1075)* es común, reforzar autenticación.

Conocer al enemigo es la mitad de la batalla ganada.

b) **Medidas de defensa:**

- Descargar apps solo de tiendas oficiales (Microsoft Store, Google Play, Snap Store en Linux).

- En Android, desactivar Orígenes desconocidos en Ajustes > Seguridad.

c) **Actualizaciones automáticas:**

- En Chrome, ir a chrome://settings/help para activarlas.
- En Linux, programar unattended-upgrades para instalar parches críticos sin intervención.

d) **Permisos mínimos:**

- ¿Por qué una linterna necesita acceso a tus contactos? Revisar permisos en Ajustes > Apps.

e) **Herramientas gratuitas:**

- Windows: O&O ShutUp10 (reduce telemetría y cierra puertas traseras de Windows).

- Linux: Lynis (auditoría de seguridad con recomendaciones personalizadas).

- Android: Exodus Privacy (analiza apps para detectar rastreadores ocultos).

2.2.3 Datos: el tesoro que el software custodia

Los datos son el oro digital, y el software es la bóveda que los protege. Sin embargo, una bóveda abierta es un botín tentador.

Estrategias de protección

▶ **Cifrado:**

- *En reposo*: BitLocker (Windows), LUKS (Linux), cifrado nativo (Android/iOS).

- *En tránsito*: Usar HTTPS Everywhere (extensión para navegadores) y Signal para mensajes.

▶ **Copias de seguridad 3-2-1:**

- *3 copias totales: 1 en el dispositivo, 1 en un disco externo, 1 en la nube (ej. Backblaze).*

- *Verificar integridad mensual (¿puedes restaurar un archivo de prueba?).*

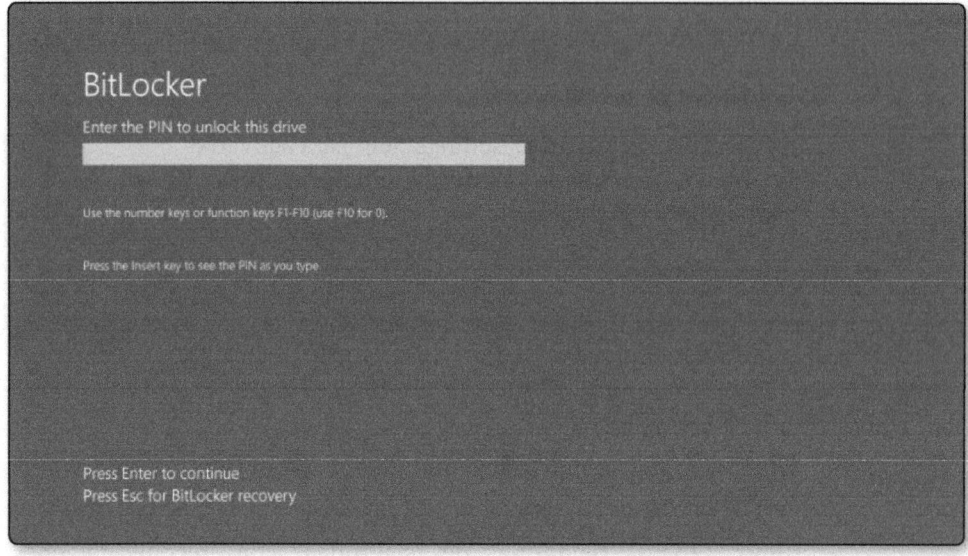

Figura 2.14. /magen referencial de pantalla de inicio previo de
"BitLocker" con PIN Fuente: https://learn.microsoft.com/

Ejemplo práctico:

Una fotógrafa perdió su portátil en un robo, pero recuperó 10 años de trabajo en horas gracias a backups cifrados en Tresorit.

2.2.4 Información: del dato al contexto peligroso

La información es datos con significado. Un número de tarjeta (dato) se convierte en información cuando un hacker sabe que pertenece al CEO de una empresa.

Tácticas de protección

▼ **Clasificación:**

- *Pública: folletos en redes sociales.*
- *Confidencial: correos internos de la empresa.*
- *Secreta: planos de un prototipo tecnológico.*

▼ **Autenticación Multifactor (MFA):**

- *Usar Yubikey (dispositivo físico) o Google Authenticator para acceder a sistemas críticos.*

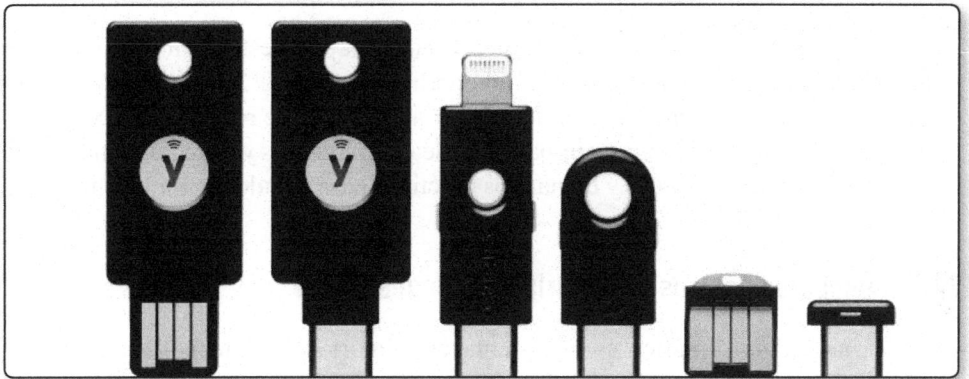

Figura 2.15. Imagen referencial de dispositivos "Yubikey". Fuente: https://www.yubico.com/

▼ **Políticas de retención:**

- *Borrar correos antiguos con datos sensibles (ej. facturas de hace 5 años).*

ⓘ **Caso emblemático**

En 2023, un empleado de una startup filtró accidentalmente credenciales de AWS en un repositorio público de GitHub. La solución incluyó MFA y herramientas como *GitGuardian* para escanear código en busca de secretos expuestos.

▼ **Checklist de acción inmediata:**

- ¿Tienes activas las actualizaciones automáticas en todos tus dispositivos?
- ¿Has auditado los permisos de tus apps móviles esta semana?
- ¿Existe una copia de seguridad reciente fuera de tu ubicación habitual?
- ¿Usas MFA en al menos tres servicios críticos (correo, banca, nube)?

ⓘ **Reflexión final:**

En la era digital, confiar ciegamente en el software es un riesgo; fortalecerlo, un deber.

2.3 SEGURIDAD DE LA RED

La Red como Frontera Digital

Las redes son las autopistas por donde viaja nuestra información. Sin protección, son un camino libre para ciberdelincuentes. En 2023, el 68% de las empresas sufrieron al menos un ataque a su infraestructura de red (Informe Sophos). Este capítulo te enseñará a construir barreras, detectar intrusos y asegurar conexiones usando herramientas gratuitas y comandos prácticos para Windows, Linux y macOS.

2.3.1 Conceptos básicos de seguridad de redes

Una red informática es el sistema circulatorio de la tecnología: conecta dispositivos, permite compartir recursos y facilita la comunicación global. Sin embargo, como cualquier arteria, es vulnerable a obstrucciones (errores de configuración) y ataques (malware, intrusos). Este capítulo te enseñará los fundamentos de las redes, sus protocolos, riesgos y herramientas prácticas para gestionarlas con seguridad, ya uses Windows, Linux o macOS.

¿Qué es una red segura?

Una red segura garantiza:

- ▶ **Confidencialidad**: solo usuarios autorizados acceden a los datos.
- ▶ **Integridad**: la información no se altera en tránsito.
- ▶ **Disponibilidad**: los recursos están accesibles cuando se necesitan.

Amenazas comunes

- ▶ **Ataques DDoS**: sobrecargan servidores con tráfico falso (ej. botnets).
- ▶ **Man-in-the-Middle (MitM)**: interceptan comunicaciones (ej. en redes WiFi públicas).
- ▶ **Escaneo de puertos**: buscan puertos abiertos para explotar servicios vulnerables.

ⓘ **Ejemplo real:**

En 2022, un ataque DDoS a un proveedor de juegos en línea generó un tráfico de 3.47 Tbps, colapsando sus servidores durante 12 horas.

Tipos de redes: desde el hogar hasta la nube

Clasificación por alcance

- ⊳ **LAN (Local Area Network)**: red local (ej: hogar, oficina).
  - **Riesgo común**: dispositivos IoT inseguros (cámaras IP con contraseñas predeterminadas).

- ⊳ **WAN (Wide Area Network)**: conecta LANs distantes (ej: sucursales de una empresa).
  - **Amenaza**: ataques MitM (Man-in-the-Middle) en conexiones públicas.

- ⊳ **WLAN (Wireless LAN)**: Wi-Fi.
  - **Vulnerabilidad típica**: Router con cifrado WPA2 débil o WPS activado.

Redes especializadas

- ⊳ **VPN (Red Privada Virtual)**: cifra el tráfico entre dispositivos.

- ⊳ **DMZ (Zona Desmilitarizada)**: segmento aislado para servidores públicos (ej: web, correo).

Modelo OSI: las 7 capas y su relación con la Ciberseguridad

Capa	Función	Ejemplo de Protocolo	Riesgo de Seguridad
7. Aplicación	Interfaz entre usuarios y servicios (interacción humana).	HTTP, FTP, SMTP, DNS	• **Inyección SQL** (aplicaciones web). • **Phishing** (correos falsos).
6. Presentación	Formatea, cifra y comprime datos para su interpretación.	SSL/TLS, JPEG, MPEG	• **Cifrado débil** (ej: SSLv3). • **Manipulación de datos** (ataques MitM).
5. Sesión	Gestiona conexiones entre aplicaciones (inicio, mantenimiento, cierre).	NetBIOS, RPC, SIP	• **Hijacking de sesiones** (robo de cookies o tokens).

Capa	Función	Ejemplo de Protocolo	Riesgo de Seguridad
4. Transporte	Controla flujo de datos, segmentación y detección de errores.	TCP, UDP	• **Ataques DDoS** (SYN Flood). • **TCP Hijacking** (secuestro de conexiones).
3. Red	Enruta paquetes entre redes (direccionamiento lógico).	IP, ICMP, BGP	• **IP Spoofing** (suplantación de direcciones). • **Sniffing** (interceptación).
2. Enlace	Transmite tramas entre nodos de una misma red (direccionamiento físico).	Ethernet, MAC, PPP	• **ARP Spoofing** (envenenamiento de tablas ARP). • **MAC Flooding** (sobrecarga switches).
1. Física	Transmisión de bits crudos (cables, señales eléctricas/ ópticas).	USB, RJ45, Wi-Fi (802.11)	• **Eavesdropping** (escucha en cables o señales Wi-Fi). • **Daño físico** (cortes de fibra óptica).

Explicación por capa

1. **Capa de Aplicación (7)**:

   - **Riesgo clave**: ataques a aplicaciones expuestas (ej: servidores web con vulnerabilidades no parcheadas).

   - **Ejemplo práctico**: un ataque de phishing (SMTP) engaña a un usuario para robar credenciales.

2. **Capa de Presentación (6)**:

   - **Riesgo clave**: datos sensibles expuestos por cifrado obsoleto (ej: uso de TLS 1.0 en vez de TLS 1.3).

3. **Capa de Sesión (5)**:

   - **Riesgo clave**: sesiones secuestradas en aplicaciones de videoconferencia (ej: Zoom sin autenticación 2FA).

4. **Capa de Transporte (4)**:

   - **Riesgo clave**: ataques de inundación SYN que saturan servidores (requiere firewalls con protección SYN cookies).

5. **Capa de Red (3)**:

   - **Riesgo clave**: paquetes maliciosos enrutados a redes internas (mitigado con ACLs en routers).

6. **Capa de Enlace (2)**:

   - **Riesgo clave**: suplantación de MAC para acceder a redes Wi-Fi corporativas.

7. **Capa Física (1)**:

   - **Riesgo clave**: robo de datos mediante "shoulder surfing" en lugares públicos o ataques a hardware (ej: USB Killer).

Consejos de seguridad por Capa

Capa	Medidas de Protección
7	Usar WAF (Web Application Firewall) y validar entradas de usuarios (contra inyecciones).
6	Implementar TLS 1.3 y deshabilitar protocolos obsoletos (SSLv3, RC4).
5	Rotar tokens de sesión y usar autenticación multifactor (MFA).
4	Configurar firewalls para bloquear paquetes SYN no solicitados.
3	Filtrar tráfico con listas de control de acceso (ACLs) y usar VPNs.
2	Habilitar port security en switches y desactivar protocolos inseguros (ej: DTP).
1	Proteger infraestructura física (ej: cámaras en centros de datos) y usar Wi-Fi WPA3.

Ejercicio práctico: identificar capas en un ataque

Caso: un hacker intercepta una conexión HTTP no cifrada (capa 7) y modifica los datos (capa 6) para inyectar malware.

Solución:

- ⮚ **Capa 7: usar HTTPS (HTTP + TLS).**
- ⮚ **Capa 6: validar integridad de datos con firmas digitales.**

Ejercicio práctico (Windows):

Usa **netstat -ano** para ver conexiones activas y sus protocolos. Identifica servicios sospechosos (ej: puerto 12345 abierto sin razón).

Modelo TCP/IP (4 Capas)

- ▼ **Capa de aplicación:** combina capas 5-7 de OSI (HTTP, DNS).
- ▼ **Capa de transporte:** TCP (confiable) vs. UDP (rápido).
- ▼ **Capa de Internet:** IP (direccionamiento).
- ▼ **Capa de enlace:** MAC (direcciones físicas).

**Ejercicio práctico (Linux):**

Analiza una captura de tráfico con `tcpdump -i` eth0 -n para ver direcciones IP y MAC en acción.

> **ⓘ Nota**
>
> Para más información sobre comandos avanzados de Windows, consulte la **sección Apéndice C: Comandos TCPDUMP**

Protocolos clave y sus vulnerabilidades

TCP vs. UDP

- ▼ **TCP**: conexión segura pero lenta (ej: navegación web).
  - • **Ataque común**: *Session Hijacking* (robo de cookies).
- ▼ **UDP**: sin conexión, ideal para streaming.
  - • **Riesgo**: amplificación DNS (ataques DDoS).

HTTP/HTTPS

- • **HTTP:** texto plano (¡evítalo!).
- • **HTTPS:** cifrado SSL/TLS.
- • **Herramienta (macOS)**: usa openssl s_client -connect example. com:443 para ver certificados.

DNS

- • **Función**: traduce nombres a IPs.
- • **Ataque**: *DNS Poisoning* (envenenamiento de caché).

- ▼ **Estándares OWASP y su relación con redes**

Aunque OWASP se enfoca en seguridad web, sus principios aplican a redes:

- **A3: inyección SQL:** bloquea puertos innecesarios (ej: 3306 para MySQL).

- **A6: configuración de seguridad incorrecta:** parchea routers y firewalls.

- **A9: componentes vulnerables:** actualiza firmware de dispositivos de red.

Ejercicio práctico

Exploración segura de una red local (WLAN) con Advanced IP Scanner (Windows):

Aprenderás a identificar dispositivos en tu red local sin afectar su funcionamiento.

• **PASO 1.** **Instalar Advanced IP Scanner**

Descarga el software:

▸ Ve al sitio oficial: *https://www.advanced-ip-scanner.com/es/*.
▸ Haz clic en *descargar gratis* y guarda el archivo .exe.

Instalación segura:

▸ Ejecuta el instalador.

▸ **¡OJO!** Desmarca opciones adicionales como *Instalar AVG* u otros programas no deseados.

▸ Finaliza la instalación.

• **PASO 2.** **Configurar el escaneo**

Abre Advanced IP Scanner:

▸ Busca el ícono en el escritorio o menú de inicio.

Define el rango de IP:

▸ En el campo *Dirección IP*, ingresa: **192.168.0.1-192.168.0.254**.
▸ Esto cubre todo el segmento 192.168.0.0/24.

Ajustes de seguridad:

▶ Activa la opción *escaneo suave* (evita saturar la red).

▶ Desactiva *escaneo de recursos compartidos* si no necesitas ver carpetas públicas.

• **PASO 3.   Ejecutar el escaneo**

Inicia el escaneo:

▶ Haz clic en el botón verde *Escanear*.

▶ El proceso tomará 1-2 minutos, dependiendo de la cantidad de dispositivos.

Resultados seguros:

▶ Verás una lista de dispositivos con:

- **IP y nombre** (ej: 192.168.0.1 → *Router*).
- **Fabricante** (ej: *TP-Link*).
- **Puertos abiertos** (ej: 80 para HTTP).

• **PASO 4.   Analizar los dispositivos**

Identifica riesgos:

▶ **Puertos abiertos sospechosos**:

- 22 (SSH) o 3389 (RDP) en dispositivos que no son servidores.

▶ **Dispositivos desconocidos**: ¿Un smartphone o una cámara IP no reconocida?

Acciones recomendadas:

▶ **Bloquea IPs no autorizadas** en el router.

▶ **Cierra puertos innecesarios** en los dispositivos.

Consejos de seguridad

▶ **No escanees redes públicas o ajenas:** es ilegal y antiético sin permiso.

▶ **Usa una VPN:** si escaneas desde una red compartida, protege tu tráfico.

▶ **Actualiza el software:** Advanced IP Scanner recibe parches de seguridad periódicos.

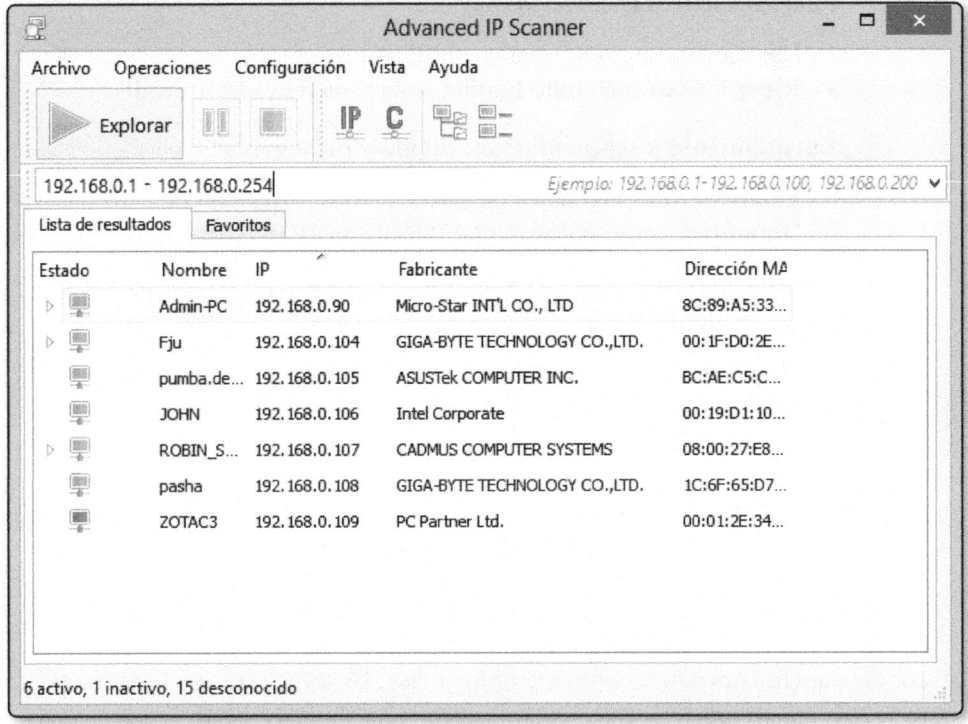

Figura 2.16. Imagen referencial de pantalla de "Advanced IP Scanner"
Fuente: https://www.advanced-ip-scanner.com/es/

Puertos de Red: puertas que debes vigilar

▸ **Puertos comunes y sus riesgos**

Puerto	Servicio	Vulnerabilidades
22	SSH	Fuerza bruta si no se usa autenticación 2FA.
80/443	HTTP/HTTPS	Exposición de aplicaciones web sin parches.
3389	RDP (Windows)	Ataques BlueKeep si no está actualizado.

Ejercicio (Windows):

Bloquea un puerto riesgoso con PowerShell:

```
PS C:\Windows\system32> New-NetFirewallRule -DisplayName
"Block Port 3389" -Direction Inbound -LocalPort 3389
-Protocol TCP -Action Block
```

▶ **Puertos oscuros (Above 49152)**

- **Uso:** conexiones temporales (ej: P2P, juegos).
- **Riesgo:** Malware como Emotet los usa para evadir firewalls.

▶ **Enrutamiento y segmentación: divide y protegerás**

- **Estático:** rutas manuales (seguro en redes pequeñas).
- **Dinámico:** protocolos como OSPF o BGP (riesgo: ataques de envenenamiento de rutas).

▶ **Segmentación de red**

- **VLANs:** separa dispositivos por función (ej: IoT en VLAN aparte).
- **ACLs (Listas de Control de Acceso):** filtra tráfico no autorizado.

Ejercicio (Linux):

Crea una VLAN con vconfig y aisla tráfico:

```
root@ubuntu:/home/arturo# sudo apt install vlan
root@ubuntu:/home/arturo# vconfig add eth0 10
root@ubuntu:/home/arturo# ifconfig eth0.10 192.168.10.1 netmask
255.255.255.0 up
```

Herramientas de gestión de red por sistema operativo

Windows

▶ **Comandos básicos**:

- `ping 8.8.8.8`: verifica conectividad.
- `tracert google.com`: rastrea la ruta de paquetes.

ⓘ Nota

Para más información sobre comandos avanzados de Windows, consulte la **sección A.1. Comandos de Windows**

GNU/Linux

▶ **Diagnóstico**:

- `netstat -tuln`: lista puertos abiertos.

Nota

Para más información sobre comandos avanzados de Windows, consulte la **sección A.2. Comandos de GNU/Linux**

MacOS

▼ **Redes inalámbricas**:

- Usa el comando `airport -s` para escanear redes Wi-Fi.

Nota

Para más información sobre comandos avanzados de Windows, consulte la **sección A.3. Comandos de MacOS**

Detección de puertos vulnerables

Windows/Linux/MacOS:

Ejecutar en nmap un script NSE para buscar vulnerabilidades en el router.

- **PASO 1. Instalar nmap**

  En Debian/Ubuntu

```
root@ubuntu:/home/arturo# sudo apt update && sudo apt install
nmap
```

  Verificar la instalación

  Ejecuta en la terminal:

```
root@ubuntu:/home/arturo# nmap --version
```

  En Windows

  1. Visita el sitio oficial: *https://nmap.org/download.html*.

  2. Descarga el instalador para Windows:

- Busca la sección *Microsoft Windows binaries* y haz clic en **nmap-\<versión>-setup.exe**.

- Ejemplo: nmap-7.95-setup.exe.

• PASO 2. Instalar Nmap

1. Ejecuta el archivo descargado (como Administrador).

2. **Configuración recomendada**:

   - Selecciona *Typical Installation* (instalación estándar).
   - Marca las opciones adicionales:
     - **Install Npcap** (necesario para escaneos avanzados).
     - **Register Npcap as the system WinPcap driver** (para compatibilidad).

   - Completa la instalación.

• PASO 3. Verificar la instalación

1. Abre el **símbolo del sistema** (CMD) o **PowerShell**.

2. Ejecuta:

```
C:\Windows\system32> nmap --version
```

En MacOS

Opción 1: instalar con Homebrew (recomendado)

Instalar Homebrew (si no lo tienes):

1. Abre la terminal y ejecuta:

```
arturo@Mac ~ % sudo /bin/bash -c "$(curl -fsSL https://
raw.githubusercontent.com/Homebrew/install/HEAD/install.
sh)"
```

Sigue las instrucciones en pantalla.

2. Instalar Nmap:

```
arturo@Mac ~ % brew install nmap
```

Verificar la instalación

Ejecuta en la terminal:

```
arturo@Mac ~ % nmap –version
```

Deberías ver algo como:

```
arturo@Mac ~ % Nmap version 7.94 ( https://nmap.org )
```

Una vez que tenga instalado NMAP en su ordenador: el argumento "–script vuln" es compatible con todos los sistemas antes referidos:

Escanear vulnerabilidades comunes en un dispositivo (ej: 192.168.1.1):

```
nmap --script vuln 192.168.1.1
```

El script vuln de Nmap es una herramienta especializada en la detección de vulnerabilidades conocidas en sistemas objetivos. Forma parte del Nmap Scripting Engine (NSE), un motor que amplía las capacidades básicas de escaneo mediante scripts escritos en Lua.

Funcionalidad principal

- Este script realiza un análisis automatizado para identificar riesgos de seguridad mediante:
- Verificación de credenciales predeterminadas: detecta usuarios con contraseñas vacías o configuraciones inseguras.
- Identificación de software desactualizado: compara versiones de servicios con bases de datos de vulnerabilidades públicas.
- Detección de mal configuraciones: evalúa protocolos expuestos (como SMTP, HTTP o FTP) que puedan contener fallos críticos.

Consideraciones clave

- Validación de resultados: los hallazgos deben confirmarse manualmente para evitar falsos positivos.
- Combinación con otros scripts: se recomienda usarlo junto a herramientas como vulners (que consulta bases de datos CVE) para mayor precisión.
- Impacto en el sistema: pertenece a la categoría vuln, considerada de bajo riesgo comparada con scripts intrusivos.

▼ Este script es especialmente útil en etapas iniciales de auditorías o evaluaciones, permitiendo priorizar vulnerabilidades críticas antes de profundizar en análisis técnicos

ⓘ Nota

Nunca escanees redes públicas o ajenas sin autorización. Usa Nmap solo en redes propias o con permiso explícito.

Mejores prácticas para una red segura

▼ Principio de mínimo privilegio: solo abre puertos esenciales.

▼ Segmentación: separa redes críticas (ej: servidores) de dispositivos IoT.

▼ Monitorización: usa herramientas como Zabbix o Nagios para alertas en tiempo real.

De usuario a administrador seguro

Entender redes no es solo para ingenieros: es una habilidad vital en un mundo donde cada dispositivo es una puerta digital. Al dominar estos fundamentos y herramientas, pasarás de ser un espectador a un guardián activo de tu entorno digital.

Checklist final:

▼ Escaneé mi red con Nmap?

▼ Bloqueé puertos innecesarios en el firewall?

▼ Segmenté dispositivos IoT en una VLAN?

▼ Actualicé el firmware del router?

ⓘ Frase importante

Una red segura no es la que tiene más candados, sino la que sabe qué puertas cerrar.

ⓘ Nota

Para más información sobre comandos avanzados de Nmap, consulte la **sección Apéndice B: comandos de NMAP**

2.3.2 Firewalls: el muro de contención

La primera línea de defensa en la protección de la infraestructura digital es la implementación de firewalls y antivirus avanzados. Estas herramientas actúan como guardianes virtuales, monitoreando el tráfico de red y detectando posibles amenazas antes de que puedan comprometer la seguridad. Se abordarán las mejores prácticas para la configuración de firewalls y la selección de soluciones antivirus que se adapten a las necesidades específicas de la organización.

Un sistema actualizado es como un castillo con murallas intactas; un usuario administrador imprudente, como un puente levadizo bajado.

¿Qué es un firewall o cortafuegos?

Un cortafuegos es un dispositivo o software que se utiliza para proteger una red o sistema informático de posibles amenazas externas. El cortafuegos actúa como una barrera entre la red o el sistema y el mundo exterior, y se encarga de filtrar el tráfico de red para permitir solo el tráfico legítimo y bloquear el tráfico malicioso.

¿Cómo funciona un cortafuegos?

Un cortafuegos funciona mediante la creación de reglas que especifican qué tráfico de red se permite y qué tráfico se bloquea. Estas reglas se basan en diferentes criterios, como la dirección IP, el puerto, el protocolo, etc. El cortafuegos también puede utilizar técnicas de inspección de paquetes para analizar el tráfico de red y detectar posibles amenazas.

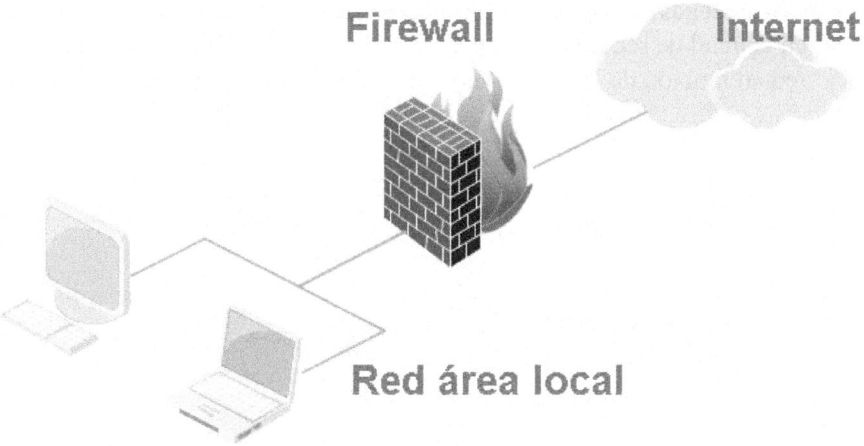

Figura 2.17. Topología básica de un firewall. Fuente: https://espaciotecnologico.co/

¿Por qué es importante un cortafuegos?

Un cortafuegos es importante porque protege una red o sistema informático de posibles amenazas externas. Un cortafuegos ayuda a reducir el riesgo de un ataque cibernético y protege los datos críticos de la organización.

Sin un cortafuegos, los sistemas informáticos estarían expuestos a los siguientes ataques cibernéticos:

⚑ **Ataques de fuerza bruta:** los atacantes pueden intentar adivinar las contraseñas de los usuarios utilizando un programa automatizado. Los cortafuegos pueden ayudar a bloquear estos ataques al limitar el número de intentos de inicio de sesión fallidos.

⚑ **Inyecciones SQL:** los atacantes pueden utilizar las inyecciones SQL para ejecutar código arbitrario en un sistema informático. Los cortafuegos pueden ayudar a proteger contra las inyecciones SQL al filtrar el tráfico de red entrante.

⚑ **Malware:** el malware es software malicioso que puede dañar un sistema informático o robar datos. Los cortafuegos pueden ayudar a proteger contra el malware al bloquear el tráfico de red de fuentes no autorizadas.

Tipos de cortafuegos

Hay dos tipos principales de cortafuegos: cortafuegos de capa de red (firewalls de red) y cortafuegos de capa de aplicación (firewalls de aplicaciones).

⚑ **Cortafuegos de capa de red:** los cortafuegos de capa de red se encuentran en el nivel de red de la pila de protocolos TCP/IP. Controlan el tráfico de red en función de la dirección IP, el puerto y otros parámetros.

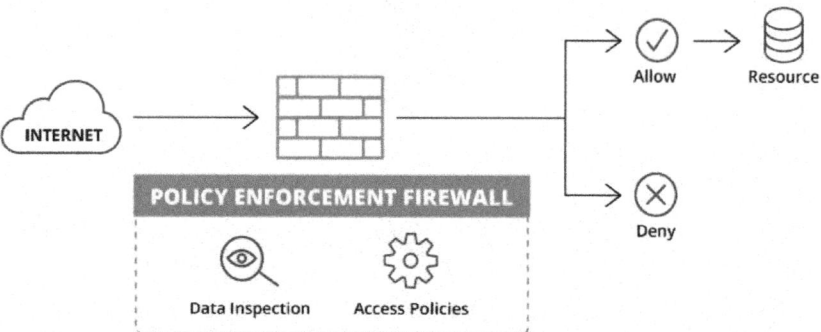

Figura 2.18. Topología básica de un firewall de capa de red. Fuente: https://espaciotecnologico.co/

Los cortafuegos de red aplican políticas basadas en mecanismos de control de acceso. Estos mecanismos pueden ser políticas definidas, conjuntos de reglas de permiso o denegación y otras directrices que especifican cómo se debe tratar el tráfico en función de sus características.

Marcas comerciales:

- Cisco ASA
- Palo Alto Networks PAN-OS
- Fortinet FortiGate
- Check Point Infinity Firewall
- Juniper SRX

Código abierto:

- PFSense
- OpenBSD IPfw
- Untangle NG Firewall
- OPNsense
- ClearOS
- UFW

- **Cortafuegos de capa de aplicación (WAF)**: los cortafuegos de capa de aplicación se encuentran en el nivel de aplicación de la pila de protocolos TCP/IP. Controlan el tráfico de red en función del contenido de los paquetes de datos.

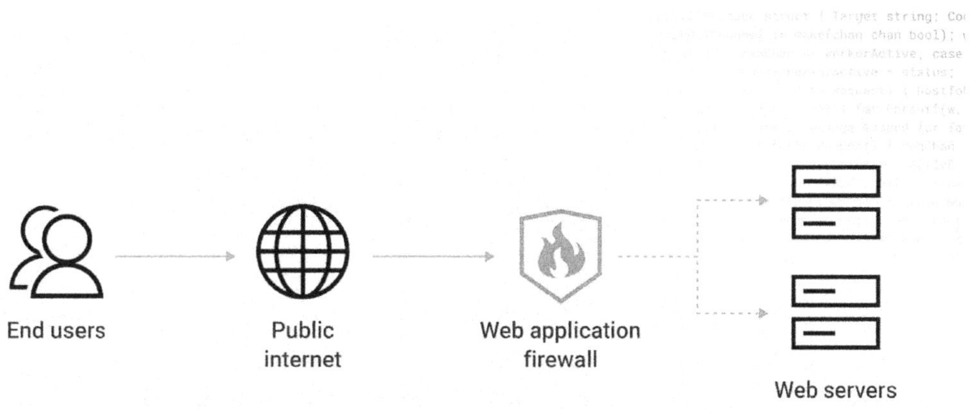

Figura 2.19. Topología básica de un WAF Fuente: https://www.akamai.com/

Marcas comerciales:

- F5 BIG-IP
- Citrix NetScaler
- Kemp LoadMaster
- Barracuda Web Application Firewall
- Sophos Web Application Firewall

Código abierto:

- ModSecurity
- NGINX WAF
- Apache Traffic Server
- HAProxy
- SquidGuard

Configuración práctica

Firewall de Windows

El Firewall de Windows, también conocido como Firewall de Microsoft Defender, es una herramienta esencial integrada en los sistemas operativos Windows. Su función principal es actuar como una barrera de seguridad que controla y filtra el tráfico de red entrante y saliente, protegiendo el dispositivo contra accesos no autorizados y amenazas potenciales.

Funcionamiento

Este firewall opera mediante reglas predeterminadas y personalizadas que permiten o bloquean el tráfico de red según sea necesario. Además, ofrece la capacidad de configurar diferentes perfiles de red, como Red Doméstica, Red Privada o Red Pública, lo que permite ajustar el nivel de seguridad en función del entorno de conexión. Por ejemplo, en una red pública, se pueden aplicar reglas más restrictivas para minimizar el riesgo de ataques.

Ventajas

Una de las principales ventajas del Firewall de Windows es su integración nativa con el sistema operativo. Esto significa que no requiere instalación adicional y se actualiza automáticamente a través de Windows Update, garantizando que siempre esté al día para enfrentar nuevas amenazas. Además, su bajo impacto en el rendimiento del sistema lo hace ideal para dispositivos con recursos limitados.

Configuración y uso

La configuración del Firewall de Windows es relativamente sencilla. Los usuarios pueden acceder a las opciones básicas desde la aplicación de Configuración de Windows o el Panel de Control. Para ajustes más avanzados, se pueden utilizar herramientas como la Consola de Administración de Políticas de Grupo o Windows PowerShell. Esto permite a los usuarios definir reglas personalizadas para aplicaciones específicas, bloquear puertos o crear perfiles de red adaptados a sus necesidades.

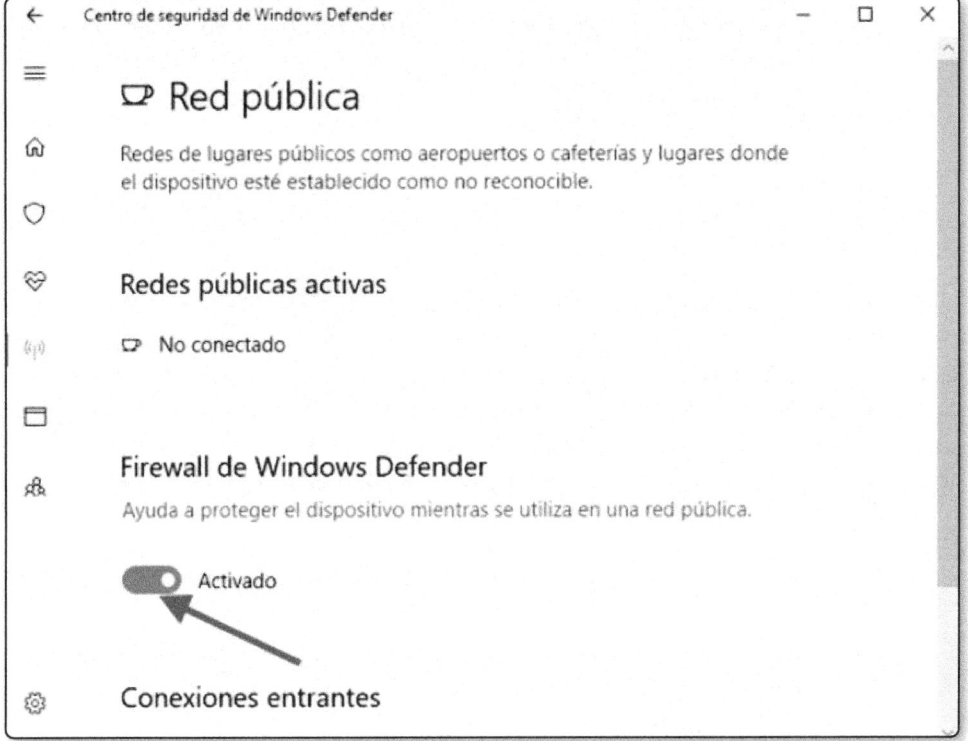

Figura 2.20. Topología básica de un WAF Fuente: https://learn.microsoft.com/

Protección avanzada

Además de su función básica de filtrado de tráfico, el Firewall de Windows también colabora con otras herramientas de seguridad de Microsoft, como Microsoft Defender Antivirus y Windows Security, para ofrecer una protección completa contra amenazas emergentes. La integración con Microsoft Defender SmartScreen proporciona una capa adicional de defensa contra sitios web y descargas peligrosas.

Uso básico

Windows (PowerShell/CMD):

▼ Habilitar firewall:

```
PS C:\Windows\system32> Set-NetFirewallProfile -Profile
Domain,Public,Private -Enabled True
```

▼ Bloquear tráfico entrante al puerto 445 (usado por ransomware):

```
C:\Windows\system32> netsh advfirewall firewall add rule
name="Bloquear SMB" dir=in action=block protocol=TCP
localport=445
```

Linux (Terminal)

¿Qué es el firewall UFW?

El *Uncomplicated Firewall* (UFW) es una herramienta de gestión de firewalls diseñada para simplificar la configuración y administración de reglas de seguridad en sistemas Linux. Actúa como una interfaz más accesible para el sistema de filtrado de paquetes conocido como *iptables*, que es el estándar en muchas distribuciones Linux. UFW está disponible principalmente en distribuciones como Ubuntu y Debian, y su objetivo principal es facilitar la creación de reglas de firewall incluso para usuarios con conocimientos básicos en redes.

Características principales

▼ **Interfaz simplificada**: UFW permite gestionar reglas de firewall mediante comandos simples, evitando la complejidad de trabajar directamente con iptables o nftables.

▼ **Reglas predeterminadas**: por defecto, bloquea todas las conexiones entrantes y permite todas las salientes, asegurando que solo las conexiones necesarias sean autorizadas.

▼ **Compatibilidad IPv4 e IPv6**: UFW puede manejar tráfico tanto en IPv4 como en IPv6, lo que lo hace adecuado para entornos modernos.

▼ **Configuración rápida**: con unos pocos comandos, los usuarios pueden habilitar el firewall, definir reglas específicas para servicios como SSH o HTTP y bloquear accesos no deseados.

Instalación y uso básico

1. **Instalación**: en sistemas Debian o Ubuntu, se instala con el comando:

```
root@ubuntu:/home/arturo# sudo apt install ufw
```

2. Usar ufw (Firewall reglas básicas):

- **Activar firewall**

```
root@ubuntu:/home/arturo# sudo ufw enable
```

- **Estado del firewall: para verificar si está activo:**

```
root@ubuntu:/home/arturo# sudo ufw status
```

- **Bloquear todas las conexiones entrantes:**

```
root@ubuntu:/home/arturo# sudo ufw default deny incoming
```

- **Permitir conexiones salientes:**

```
root@ubuntu:/home/arturo# sudo ufw default allow
outgoing
```

- **Bloquear servicio SSH**

```
root@ubuntu:/home/arturo# sudo ufw deny 22/tcp
```

- **Permitir tráfico HTTP**

```
root@ubuntu:/home/arturo# sudo ufw allow 80/tcp
```

 **Nota**

Sudo: es uno de los comandos más poderosos del terminal, y le dará a usted privilegios de administrador para ejecutar acciones. Tendrás que escribirlo antes de un comando que requiera permisos de superusuario, y necesitarás escribir tu nombre y contraseña.

Figura 2.21. Imagen referencial de interfaz gráfica de firewall UFW

macOS (Terminal)

¿Qué es pfctl en macOS?

pfctl es una herramienta de línea de comandos utilizada para controlar y configurar el firewall de paquetes (pf) en sistemas operativos basados en BSD, como OpenBSD y FreeBSD. Aunque macOS también utiliza una versión del firewall pf, su uso y configuración son diferentes debido a la integración con el sistema operativo de Apple.

El firewall **pfctl** (Packet Filter) en macOS viene preinstalado como parte del sistema operativo. No es necesario instalarlo manualmente, ya que es el firewall nativo utilizado para gestionar reglas de filtrado de paquetes en macOS, basado en la tecnología de BSD.

Historia y uso en macOS

En el pasado, macOS utilizaba ipfw como su firewall principal, pero desde macOS High Sierra, Apple ha comenzado a migrar hacia el uso de pf como parte de su firewall. Sin embargo, el uso directo de pfctl en macOS es limitado y no se recomienda para usuarios comunes, ya que el firewall de macOS está diseñado para configurarse a través de la interfaz gráfica del sistema.

Comandos básicos de pfctl

Aunque no es la forma recomendada de configurar el firewall en macOS, algunos comandos básicos de pfctl incluyen:

▸ **Habilitar el firewall**:

```
arturo@Mac ~ % sudo pfctl -e
```

▸ **Ver estatus**:

```
arturo@Mac ~ % sudo pfctl -s info
```

▸ **Ver reglas activas**:

```
arturo@Mac ~ % sudo pfctl -s rules
```

▸ **Deshabilitar el firewall**:

```
arturo@Mac ~ % sudo pfctl -d
```

Configurar reglas básicas (bloquear entrantes, permitir salientes)

• **PASO 1.** **Crear o editar el archivo de configuración**

```
arturo@Mac ~ % sudo nano /etc/pf.conf
```

• **PASO 2.** **Definir las reglas**

Agrega estas líneas al archivo:

```
# Bloquear TODO el tráfico entrante
block in all
# Permitir TODO el tráfico saliente
pass out all keep state
# Permitir tráfico de loopback (necesario para el sistema)
pass in quick on lo0 all
pass out quick on lo0 all
# Permitir conexión SSH
```

```
pass in proto tcp from any to any port 22
# Bloquear acceso al puerto 80 (HTTP) desde cualquier IP:
block in proto tcp from any to any port 80
# Bloquear una IP específica:
block in from 192.168.1.100 to any
```

- **Ver todas las configuraciones cargadas:**

```
arturo@Mac ~ % sudo pfctl -s all
```

- **Deshabilitar pfctl temporalmente:**

```
arturo@Mac ~ % sudo pfctl -d
```

- **Reiniciar el firewall pfctl:**

```
arturo@Mac ~ % sudo pfctl -F all -f /etc/pf.conf
```

ⓘ Nota

Cuidado con las reglas: un error en la configuración puede bloquear tu acceso a la red.

Servicio nativo de macOS: si usas el firewall gráfico (Preferencias del Sistema > Seguridad y Privacidad > Firewall), desactívalo para evitar conflictos.

Persistencia: las reglas se restablecen tras reiniciar. Para hacerlas permanentes, guarda tu configuración en /etc/pf.conf.

Con estos pasos, tendrás un firewall básico pero efectivo en macOS.

2.3.3 Sistemas de Detección de Intrusiones (IDS)

¿Qué es un IDS?

Un **Sistema de Detección de Intrusiones** (*Intrusion Detection System*, IDS) es una herramienta que monitorea redes o dispositivos para identificar actividades sospechosas o violaciones de seguridad. Actúa como un "vigilante digital", analizando patrones de tráfico, comportamientos anómalos o firmas de ataques conocidos para alertar a los administradores Y alerta en tiempo real.

Tipos de IDS

1. **NIDS** (*Network-based IDS*):

   - Monitorea el tráfico de toda una red.

- Ejemplo: analiza paquetes en un router o switch para detectar escaneos de puertos o accesos no autorizados.

2. **HIDS** (*Host-based IDS*):

- Supervisa eventos en un dispositivo específico (servidores, computadoras).

- Ejemplo: detecta cambios no autorizados en archivos del sistema.

Métodos de detección

Basado en Firmas	Basado en Anomalías
Compara actividad con patrones de ataques conocidos (ej: malware).	Crea un perfil de "comportamiento normal" y alerta sobre desviaciones (ej: tráfico inusual a medianoche).
Eficaz contra amenazas conocidas.	Detecta ataques nuevos, pero genera más falsos positivos.

Snort: el IDS de código abierto

Snort es un software líder para detección y prevención de intrusiones (*IDS/IPS*). Desarrollado en 1998, es gratuito, adaptable y compatible con GNU/Linux.

▶ **Funcionalidades clave:**

▶ **Monitoreo en tiempo real**: analiza cada paquete de red (TCP, UDP, ICMP).

▶ **Reglas personalizables**: usa un lenguaje sencillo para definir qué tráfico bloquear o alertar (ej: alert tcp any any -> 192.168.1.0/24 80 (msg:"Intento de acceso HTTP";)).

▶ **Modos de operación**:

- *Sniffer*: Captura y muestra tráfico (similar a Wireshark).
- *Packet Logger*: almacena paquetes para análisis posterior.
- *NIDS*: detecta intrusiones activamente.

¿Por qué implementar Snort en GNU/Linux?

1. **Integración nativa**:

- Linux es el entorno preferido para Snort por su estabilidad y herramientas de red (ej: iptables).

2. **Flexibilidad**:
   - Permite crear reglas específicas para servicios críticos (ej: servidores web o bases de datos).

3. **Comunidad activa**:
   - Cuenta con repositorios de reglas actualizadas (ej: Emerging Threats) y herramientas como **PulledPork** para automatizar su gestión.

4. **Bajo costo**:
   - Al ser open-source, evita licencias costosas, ideal para pequeñas empresas o entornos educativos.

5. **Prevención proactiva**:
   - Combinado con un *IPS*, puede bloquear ataques como DDoS o inyecciones SQL en tiempo real.

Herramientas clave

Snort (Linux/macOS):

▼ **Instalar Snort**

```
root@ubuntu:/home/arturo# sudo apt install snort
```

▼ **Archivo de configuración**

```
root@ubuntu:/home/arturo# sudo nano /etc/snort/snort.
conf
# Busca la línea "include $RULE_PATH/local.rules".
```

▼ **Iniciar en modo de detección:**

```
root@ubuntu:/home/arturo# sudo snort -q -A console -i
eth0 -c /etc/snort/snort.conf
```

▼ **Salida típica de datos (ejemplo):**

```
09/12-15:45:23.456789 192.168.1.2 -> 192.168.1.1 ICMP
TTL:64 TOS:0x0 ID:12345
```

▼ **Editar reglas locales**

```
root@ubuntu:/home/arturo# sudo nano /etc/snort/rules/
local.rules
```

☞ **Detectar cualquier ping (ICMP):**

```
alert icmp any any -> any any (msg:"ICMP Detectado";
sid:1000001; rev:1;)
```

- alert: acción a tomar.
- icmp: protocolo.
- msg: mensaje de la alerta.
- sid: identificador único de la regla.

☞ **Recarga regla sin reiniciar Snort:**

```
root@ubuntu:/home/arturo# sudo snort -T -i eth0 -c /etc/
snort/snort.conf
root@ubuntu:/home/arturo# sudo killall -HUP snort
```

De novato a experto

Con estos comandos, Snort dejará de ser una caja negra para convertirse en tu aliado. Recuerda:

1. **Prueba en un entorno controlado** antes de implementar reglas en producción.

2. **Actualiza las reglas** periódicamente con sudo snort -c /etc/snort/snort. conf -T.

3. **Combina Snort con otras herramientas** como Wazuh o Elasticsearch para análisis avanzado.

Ejercicio práctico final:

1. Crea una regla que alerte sobre cualquier acceso al puerto 22 (SSH).

2. Ejecuta Snort en modo IDS y conecta a tu servidor SSH desde otra máquina.

3. Verifica que la alerta aparezca en /var/log/snort/alert.

"En ciberseguridad, no se trata de si te atacarán, sino de cuándo. Con Snort, estarás preparado".

 **Nota**

Para dominar snort, se recomienda explorar su documentación oficial y laboratorios prácticos de análisis de tráfico.

2.4 CREACIÓN DE CONTRASEÑAS SEGURAS

¿Por qué una contraseña débil es como una cerradura de papel?

En 2023, el 80% de las brechas de datos comenzaron con contraseñas robadas o adivinadas (Informe Verizon DBIR). Una contraseña insegura es como dejar las llaves de tu casa bajo el felpudo: cualquiera con un poco de curiosidad malintencionada puede entrar. Esta sección no solo te enseñará a crear claves robustas, sino a transformarlas en una fortaleza digital personalizada.

2.4.1 Los errores más letales (y cómo evitarlos)

a) **Las peores prácticas comunes**

- **Usar patrones predecibles**: "123456", "password", o fechas de nacimiento.

- **Reutilizar la misma contraseña en múltiples sitios**: si una cuenta es vulnerada, todas caerán como fichas de dominó.

- **Confiar en sustituciones obvias**: "P@ssw0rd" o "Adm1n" son tan seguras como un candado de juguete para los atacantes modernos.

Ejemplo real: en 2022, un atacante accedió a 10,000 cuentas de streaming usando combinaciones como "netflix123" y "amazon2022".

b) **El mito de la complejidad inútil**

Una contraseña como "M1#cL@v3" parece segura, pero los algoritmos de fuerza bruta la descifran en **4 horas**. ¿La razón? Los atacantes usan diccionarios con sustituciones comunes (*"1" por "i", "@" por "a"*).

Principios de una contraseña inquebrantable

La Regla de Oro: Longitud > Complejidad

Una contraseña de **12 caracteres** con letras aleatorias tarda **3 siglos** en crackearse. Una de **8 caracteres** con símbolos, solo **5 horas**.

Tabla comparativa:

Longitud	Caracteres	Tiempo de Descifrado
8	Letras + Números	2 horas
12	Letras	3.000 años
16	Letras + Números	34 millones de años

1. **La magia de las frases clave (Passphrases)**

   Transforma una frase memorable en una contraseña segura:

   - **Frase**: "Mi perro Loki ladra 3 veces cada noche".
   - **Contraseña**: "MpL3l3vcN@2023".

   Ventajas:

   - Fácil de recordar, difícil de hackear.
   - Permite incluir espacios (si el servicio lo permite): "Ladra 3 veces Loki!".

c) **Técnicas comprobadas para crear contraseñas seguras**

1. **El método de las siglas personalizadas**

   Paso a paso:

   - Escoge una frase de una canción, libro o evento personal: *"El 15 de mayo vi un arcoíris doble en Madrid"*.
   - Extrae las iniciales, números y signos: *"E15dMvua@dim"*.
   - Agrega un símbolo final: *"E15dMvua@dim!"*.

   Nivel de seguridad: 14 caracteres, 8.5 quintillones de combinaciones.

2. **La técnica de los lugares imaginarios**

   Inventa una dirección ficticia y conviértela en clave:

   - **Dirección**: "Calle Luna 42, 3°B, Planeta Andrómeda".
   - **Contraseña**: "CL42-3°B#PAndr".

   Bonus: usa emojis si el sistema lo permite: "Calle42".

3. **Palabras aleatorias sin sentido (Método Diceware)**

   1. Lanza un dado 5 veces y consulta una lista de palabras (ej: "ballena", "silla", "universo").
   2. Combina 4-6 palabras: *"BallenaSillaUniversoRadio@2023"*.

   Seguridad: una frase de 6 palabras tiene 77 bits de entropía (imposible de descifrar).

d) **Herramientas para gestionar el caos: gestores de contraseñas**

1. **¿Por qué necesitas un gestor?**

   - Genera contraseñas únicas como "9T#mXqL!v2eW" para cada cuenta.

– Almacena todas bajo una "contraseña maestra".

– Autocompleta formularios de forma segura.

¿Cómo comprobar si mi contraseña es segura? El servicio password.kaspersky.com es una herramienta en línea proporcionada por Kaspersky que permite a los usuarios verificar la fortaleza de sus contraseñas.

La herramienta utiliza el servicio **Have I Been Pwned** para verificar si la contraseña se ha comprometido en una violación de datos anterior.

Además, la herramienta proporciona recomendaciones para mejorar la fortaleza de la contraseña y hacerla más segura.

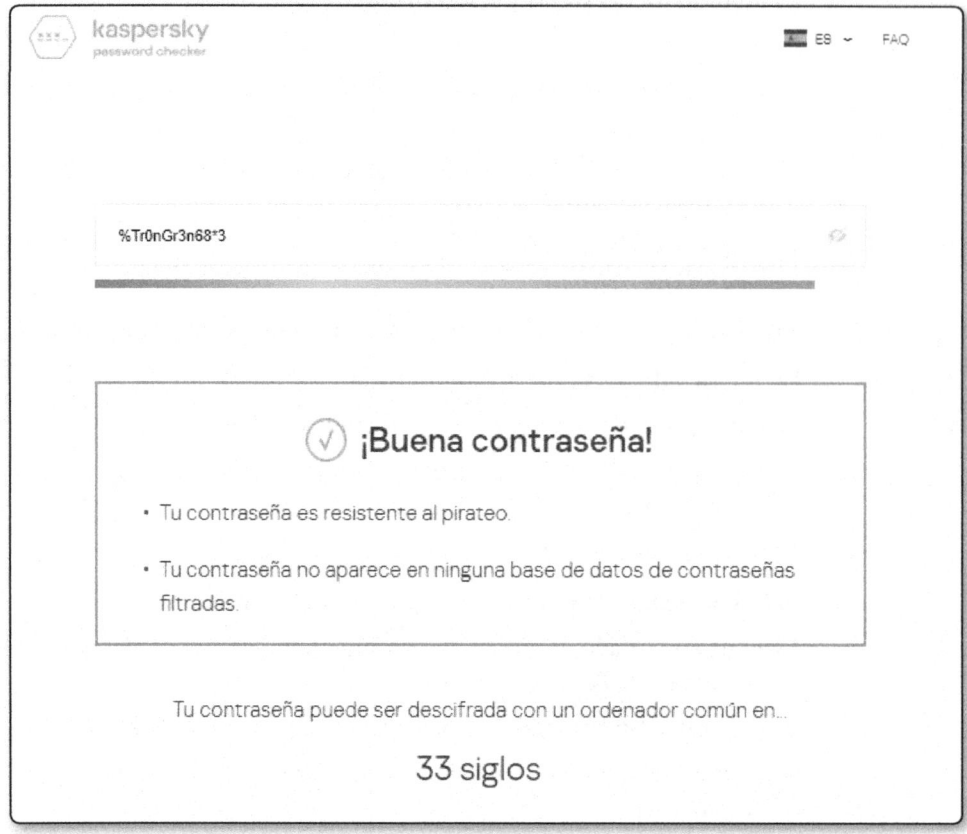

Figura 2.22. Comprobar fortaleza de una contraseña. Fuente: https://password.kaspersky.com/es/

2. **Top 3 de gestores gratuitos**

   Los generadores de contraseñas: los generadores de contraseñas pueden ayudar a los usuarios a crear contraseñas seguras.

   Aquí hay una lista de algunos de los mejores generadores de contraseñas disponibles en el mercado en 2023, según los resultados de búsqueda:

   – Random.org
   – PasswordBird
   – LastPass
   – Dashlane
   – RoboForm
   – Keeper
   – Norton Password Generator
   – Strong Password Generator

   – Secure Password Generator

   – Los administradores de contraseñas: los administradores de contraseñas pueden ayudar a los usuarios a almacenar y administrar sus contraseñas de forma segura.

   Aquí hay una lista de algunos de los mejores administradores de contraseñas disponibles en el mercado en 2023, según los resultados de búsqueda:

   – 1Password
   – Bitwarden
   – Dashlane
   – Keeper
   – LastPass
   – NordPass
   – RoboForm
   – Sticky Password

   – Security Guardian

Mitos vs. realidades: lo que nunca te contaron

● **Mito 1: "Debo cambiar mi contraseña cada 3 meses".**

   Realidad: el NIST recomienda cambiarla solo si hay sospecha de compromiso. Una contraseña larga y única es mejor que resetearla frecuentemente a variantes débiles.

- **Mito 2: "Las preguntas de seguridad son suficientes".**

  Realidad: ¿Tu madre soltera? La respuesta está en Facebook. Usa respuestas ficticias: *"Ciudad de nacimiento: Mordor"*.

- **Mito 3: "Los cibercriminales no me targetearán a mí".**

  Realidad: el 60% de los ataques son automatizados. No necesitan conocerte para probar "password123" en tu correo.

Casos prácticos: de la teoría a la acción

- **Caso 1: protegiendo una cuenta de banco**
  - **Contraseña antigua**: "Banco123".
  - **Nueva contraseña**: "VivoEnPiso5#2023Banc0".
  - **Herramienta**: Bitwarden + 2FA con Google Authenticator.

- **Caso 2: una pequeña empresa familiar**
  - **Problema**: 10 empleados compartían la clave "Tienda_2023".
  - **Solución**: 1Password Teams + entrenamiento en passphrases.

e) **Ejercicios para el lector**

  1. **Auditoría Express**:
     - Revisa 5 de tus contraseñas actuales usando *Have I Been Pwned*.

  2. **Taller de Passphrases**:
     - Convierte tu película favorita en una contraseña usando el método de siglas.

  3. **Simulacro de ataque**:
     - Intenta adivinar la contraseña de un familiar (con su permiso) usando datos públicos.

f) **El futuro: ¿Contraseñas vs. Biometría?**

Aunque sistemas como Windows Hello o Face ID ganan terreno, las contraseñas seguirán existiendo. La clave está en combinarlas:

- **Biometría + Passphrase**: desbloquea tu móvil con huella, pero usa una passphrase para el correo.

- **Llaves físicas (YubiKey)**: inserta la llave y escribe una contraseña breve.

Tú eres el primer Firewall

Una contraseña segura no es un obstáculo, sino un pacto contigo mismo: proteger tu vida digital con la misma seriedad que cerrar la puerta de casa.

Checklist final:

- ⚑ ¿Todas mis contraseñas tienen al menos 12 caracteres?
- ⚑ ¿Uso un gestor de contraseñas?
- ⚑ ¿He activado autenticación en dos pasos (2FA) en mis cuentas críticas?

Recomendaciones adicionales para desarrolladores y pentesters

Además de las medidas anteriores, los desarrolladores y los usuarios también pueden tomar las siguientes recomendaciones para mejorar la seguridad de las aplicaciones móviles:

- ⚑ **Usar cifrado:** el cifrado puede ayudar a proteger los datos personales de los usuarios de robarse o interceptados.

  Ejemplo: una aplicación móvil que almacena datos personales, como contraseñas o números de tarjetas de crédito, debe usar cifrado para proteger estos datos. El cifrado puede ayudar a proteger estos datos incluso si el dispositivo móvil se pierde o es robado.

- ⚑ **Las bibliotecas de cifrado:** algunas bibliotecas de cifrado populares incluyen OpenSSL, Bouncy Castle y Crypto++.

- ⚑ **Servicios de cifrado en la nube:** algunos servicios de cifrado en la nube populares incluyen *AWS Key Management Service*, *Azure Key Vault* y *Google Cloud Key Management Service*.

- ⚑ **Usar un almacén seguro de datos:** las aplicaciones móviles deben usar un almacén seguro de datos para almacenar los datos personales de los usuarios.

  Ejemplo: una aplicación móvil que almacena datos personales, como contraseñas o números de tarjetas de crédito, debe usar un almacén seguro de datos para almacenar estos datos. El almacén de datos debe estar protegido por contraseña y cifrado.

  Herramientas:

  - • **Bibliotecas de almacenamiento seguro de datos:** algunas bibliotecas de almacenamiento seguro de datos populares incluyen Realm, SQLite y SQLCipher.

- **Servicios de almacenamiento seguro de datos en la nube:** algunos servicios de almacenamiento seguro de datos en la nube populares incluyen *AWS Secrets Manager, Azure Key Vault y Google Cloud Secret Manager.*

- **Realizar auditorías de seguridad:** los desarrolladores y las empresas deben realizar auditorías de seguridad periódicas para identificar y corregir vulnerabilidades.

Ejemplo: una empresa de desarrollo de aplicaciones móviles debe realizar auditorías de seguridad periódicas para todas sus aplicaciones. Las auditorías de seguridad pueden ayudar a identificar vulnerabilidades en las aplicaciones que podrían ser explotadas por los atacantes.

Herramientas:

- **Herramientas de auditoría de seguridad:** algunas herramientas de auditoría de seguridad populares incluyen *AppChecker, AppSec Scanner y OWASP Mobile Security Testing Guide.*

- **Servicios de auditoría de seguridad:** algunos servicios de auditoría de seguridad populares incluyen Veracode, Checkmarx y AppScan.

"Una contraseña débil es un selfie para los piratas informáticos: les muestras todo sin pedir permiso".

2.5 COPIA DE SEGURIDAD (BACKUP)

¿Por qué los Backups son tu último recurso contra el caos digital?

En 2023, el 60% de las pymes que perdieron datos críticos sin backups quebraron en menos de 6 meses (Informe Acronis). Una copia de seguridad no es un lujo tecnológico: es el paracaídas que evita que tu vida digital se estrelle. Esta sección te enseñará a crear, gestionar y proteger backups de forma práctica, incluso si nunca has oído hablar de RAID o NAS.

La realidad de la pérdida de datos: más común de lo que crees

2.5.1 Amenazas que pueden borrar tu vida digital

▸ **Ransomware:** cifra tus archivos y exige rescate (el 76% de los ataques incluyen amenazas de borrado).

▸ **Fallos de hardware:** discos duros con una vida útil promedio de 3-5 años.

▸ **Errores humanos:** borrado accidental, formateos, o café derramado sobre el portátil.

ⓘ **Importante**

Cada minuto, 113 teléfonos móviles se pierden o roban en el mundo (Lookout), llevándose fotos, mensajes y datos irrecuperables.

2.5.2 La diferencia entre "Pérdida de Datos" y "Brecha de Datos"

▸ Pérdida: tus archivos desaparecen (ej: disco duro quemado).
▸ Brecha: tus datos son robados (ej: hackeo a una red social).

Los backups solo resuelven la pérdida, pero son igual de críticos: ¿De qué sirve recuperar una cuenta hackeada si tus fotos familiares se borraron?

2.5.3 Tipos de Backups

Backup Completo vs. Incremental vs. Diferencial

▸ **Completo**: copia *todo* cada vez. Ideal para primeros backups.
  - **Ventaja**: restauración rápida.
  - **Desventaja**: ocupa más espacio.

▸ **Incremental**: solo guarda cambios desde el último backup.
  - **Ejemplo**: si respaldas el lunes y cambias 2 archivos el martes, el martes solo se copian esos 2.

▸ **Diferencial**: copia todos los cambios desde el último backup *completo*.
  - **Uso común**: empresas que priorizan equilibrio entre espacio y velocidad.

Tabla comparativa:

Tipo	Velocidad	Espacio	Riesgo
Completo	Alta	Alto	Bajo (todo está disponible)
Incremental	Media	Bajo	Alto (depende de la cadena)
Diferencial	Media-Alta	Medio	Medio

2.5.4 Dónde almacenar tus Backups

▼ **Local:**

- *Discos externos*: WD My Passport, Samsung T7 (¡nunca los dejes conectados siempre!).

- *NAS (Almacenamiento en Red)*: Synology DS220+ para hogares, QNAP para empresas.

▼ **Nube:**

- Backblaze*: ilimitado por $7/mes.*
- Google Drive/OneDrive*: ideales para documentos, no para terabytes.*

▼ **Híbrido:** *combina local + nube (ej: copia en disco y cifrada en Dropbox).*

Regla de oro**: la estrategia** 3-2-1

- **3** copias totales.
- **2** medios diferentes (ej: disco + nube).
- **1** copia fuera del sitio (ej: casa de un familiar o en la nube).

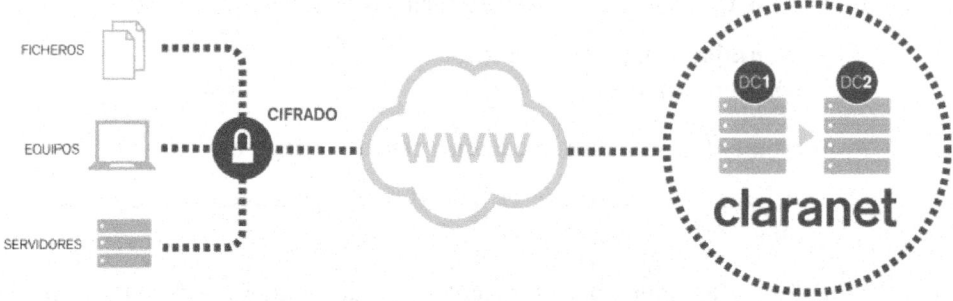

Figura 2.23. Ejemplo de servicio de backup en La Nube de
CLARANET. Fuente: https://www.claranet.com/es/

2.5.5 Cómo hacer Backups en Windows, macOS y Linux

Windows

▶ **Método gráfico**:

1. Conectar el disco duro externo al equipo.

2. Ir a **Configuración** > **Actualización y seguridad** > **Copia de seguridad**.

3. Seleccionar o agregar la unidad (disco duro externo) que aparecerá en la lista de unidades disponibles para backup.

4. Luego, activar el Historial de archivos o configurar la copia de seguridad, eligiendo la frecuencia y las carpetas a respaldar.

MacOS: Time Machine y más allá

▶ **Time Machine**:

1. Conecta un disco externo (USB, Thunderbolt, SSD, etc.) a tu Mac.

2. Abre **Preferencias del Sistema** (o **Configuración del Sistema** en macOS Ventura y posteriores) y ve a la sección **Time Machine**.

3. Selecciona el disco de respaldo: Haz clic en **Seleccionar disco de copia de seguridad** o **Agregar disco de respaldo**.

4. Activa las copias automáticas: Marca la opción para activar las copias de seguridad automáticas.

Linux: Rsync y Cron para automatizar

▶ **Comando rsync (incremental):**

```
root@ubuntu:/home/arturo# rsync rsync -avh --delete /
home/usuario/Documentos/ /media/usuario/disco_backup/
```

- *-a: modo archivo (conserva permisos).*
- *—delete: borra en el destino lo eliminado en el origen.*

▶ **Programar con Cron:**

```
root@ubuntu:/home/arturo# crontab -e
# Añadir línea para respaldar cada día a las 2 AM:
0 2 * * * rsync -avh --delete /home/usuario/Documentos/
/media/disco_backup/
```

2.5.6 Herramientas gratuitas y de pago: elige tu aliado

▶ **Para usuarios domésticos**

- **Veeam Agent (Windows/Linux):** gratuito, soporta backups incrementales y cifrado.
- **Duplicati (multiplataforma):** cifrado AES-256, sube a Google Drive, Dropbox, etc.
- **Time Machine (macOS):** integrado, sencillo pero potente.

▶ **Para pequeñas empresas**

- **Acronis Cyber Protect:** desde $85/año, incluye protección contra ransomware.
- **Synology Active Backup:** para NAS, permite respaldar PCs y servidores.

2.5.7 La seguridad de tus Backups: no los conviertas en un arma en tu contra

▶ **Amenazas que pueden destruir tus copias**

- **Ransomware:** algunas variantes (ej: LockBit 3.0) buscan y cifran backups locales.
- **Robo físico:** un disco externo en tu casa es tan vulnerable como tu portátil.
- **Corrupción silenciosa:** Bitrot (degradación de datos en discos antiguos).

▶ **Medidas de protección**

- **Cifrado**: usa VeraCrypt para discos o BitLocker (Windows).
- **Regla 3-2-1**: aísla una copia de la red (ej: disco desconectado tras el backup).
- **Verificación periódica**: restaura un archivo aleatorio cada mes para comprobar integridad.

Ejemplo práctico:

Un estudio de la Universidad de Illinois (2023) mostró que el 23% de los backups empresariales tenían archivos corruptos no detectados.

2.5.8 Casos reales: cuando los Backups salvaron el día

▶ **Caso personal: recuperando una vida en fotos**

- Situación: María perdió su móvil en un viaje, con fotos de sus hijos recién nacidos.

- Solución: restauró las fotos desde Google Fotos (backup automático) y un disco externo en casa.

▶ **Caso empresarial: sobreviviendo a un Ransomware**

- Situación: una clínica dental en España fue atacada por ransomware, cifrando 10 años de historiales.

- Solución: restauraron desde un NAS desconectado y una copia en AWS S3. El ataque costó $0 en rescate.

2.5.9 Preguntas frecuentes (Respuestas que todos necesitan)

¿Con qué frecuencia debo hacer backups?

▶ Personal: semanalmente (documentos) + instantáneo para fotos (ej: Google Fotos).

▶ Empresas: diario incremental + completo semanal.

¿Es seguro confiar en la Nube?

Sí

▶ Usas cifrado de extremo a extremo (ej: Cryptomator).
▶ Activas autenticación en dos factores (2FA) en tu cuenta.

¿Qué hacer si el Backup falló y no lo sabía?

▶ Prevención: usa herramientas que envíen alertas (ej: Veeam).
▶ Solución: mantén al menos tres generaciones de backups (ej: copias de la semana pasada y antepasada).

2.5.10 El futuro: Backups automatizados e Inteligencia Artificial

▸ **Backups basados en IA**: herramientas como Rubrik predicen fallos de hardware y priorizan datos críticos.

- **Blockchain para integridad:** verifica que los backups no se han alterado (ej: Storj).

Más vale Backup que lamentar

Hacer backups es como aprender a nadar: no esperas a estar en el agua para empezar. Con las estrategias aquí descritas, podrás recuperar tus datos ante cualquier desastre, desde un fallo técnico hasta un ciberataque.

Checklist de acción inmediata:

▸ Elegir un disco externo o servicio en la nube.

▸ Programar tu primer backup completo hoy mismo.

▸ Cifrar al menos una copia con VeraCrypt o BitLocker.

▸ Enseñar a un familiar cómo hacerlo.

Frase final:

"En el mundo digital, los backups son el único seguro que nunca querrás usar, pero que nunca debes dejar de pagar".

3

PROTECCIÓN DE DATOS PERSONALES Y SU PRIVACIDAD

3.1 IDENTIFICACIÓN DE DATOS PERSONALES

La protección de datos de carácter personal es un tema fundamental en el ámbito de la seguridad de equipos informáticos. A continuación, desarrollaré de manera amplia y técnica los conceptos teóricos y prácticos relacionados con la protección de datos de carácter personal, dirigido a estudiantes de ciberseguridad.

La protección de datos de carácter personal se refiere a las medidas y prácticas utilizadas para salvaguardar la información sensible y privada de las personas contra el acceso no autorizado, la corrupción o la pérdida. Es esencial garantizar la confidencialidad, integridad y disponibilidad de estos datos, especialmente en un entorno digital donde la información puede ser fácilmente comprometida.

Marco legal y regulaciones

Existen diversas regulaciones y leyes que establecen los principios y requisitos para la protección de datos de carácter personal. Algunas de las más relevantes son:

- **Reglamento General de Protección de Datos (GDPR):** esta regulación de la Unión Europea establece normas para la protección de datos personales de los ciudadanos de la UE. Introduce principios como el consentimiento informado, el derecho al olvido y la responsabilidad de las organizaciones en el tratamiento de datos.

▶ **Ley Orgánica de Protección de Datos (LOPD):** en España, la LOPD establece los derechos de las personas sobre sus datos personales y las obligaciones de las organizaciones para protegerlos. También establece la figura del Delegado de Protección de Datos (DPD) como responsable de garantizar el cumplimiento de la normativa

▶ **HIPAA:** esta ley en Estados Unidos establece estándares para la protección de datos de salud y privacidad de los pacientes. Es especialmente relevante en el ámbito de la salud y la atención médica

La identificación de datos personales es un proceso fundamental en la gestión de la seguridad de la información. Los datos personales son cualquier información que se refiere a una persona física identificada o identificable. La identificación de datos personales es importante porque permite a las organizaciones identificar los datos que deben proteger y garantizar la privacidad de los individuos.

Ejemplos de datos personales incluyen:

▶ Información de identificación, como nombre, apellido, número de identificación, número de pasaporte, número de licencia de conducir, etc.

▶ Información de contacto, como dirección, número de teléfono, dirección de correo electrónico, etc.

▶ Información financiera, como número de cuenta bancaria, número de tarjeta de crédito, etc.

▶ Información de salud, como historial médico, información sobre medicamentos, etc.

▶ Información de ubicación, como dirección de GPS, dirección IP, etc.

▶ Información de comportamiento, como historial de compras, historial de navegación en línea, etc.

Es importante tener en cuenta que ciertos datos personales pueden considerarse sensibles, al referirse a la esfera más íntima de la vida privada de las personas, cuya utilización indebida puede generar discriminación para su titular, o bien, si se trata de datos personales de niñas, niños y adolescentes. Por ejemplo, los datos personales que puedan revelar aspectos como origen racial o étnico, estado de salud, información genética, creencias religiosas, filosóficas y morales, opiniones políticas y preferencia sexual son considerados datos sensibles.

Ejemplos de identificación de datos personales:

▸ Una empresa de comercio electrónico identifica los datos personales de sus clientes, que incluyen información de identificación, información de contacto, información financiera y datos de comportamiento de compra.

▸ Un hospital identifica los datos personales de sus pacientes, que incluyen información de identificación, información de contacto, información de salud y datos de comportamiento de tratamiento.

▸ Una empresa de marketing identifica los datos personales de los consumidores, que incluyen información de identificación, información de contacto y datos de comportamiento de compra.

3.1.1 Principios de protección de datos de carácter personal

Para garantizar una adecuada protección de los datos de carácter personal, es importante seguir una serie de principios fundamentales:

▸ **Consentimiento informado:** las organizaciones deben obtener el consentimiento explícito y voluntario de las personas para recopilar, procesar y almacenar sus datos personales.

▸ **Minimización de datos:** solo se deben recopilar los datos necesarios para el propósito específico y legítimo para el cual se solicitan.

▸ **Integridad y confidencialidad:** los datos deben tratarse de manera segura y protegidos contra el acceso no autorizado, la alteración o la divulgación.

▸ **Exactitud y actualización:** los datos deben ser precisos y actualizados, y se deben tomar medidas para corregir cualquier inexactitud o desactualización.

▸ **Limitación de almacenamiento:** los datos deben almacenarse durante el tiempo necesario para cumplir con el propósito para el cual se recopilaron, y luego deben eliminarse de manera segura.

Mejores prácticas para evitar que tu información personal sea recopilada por servicios en línea:

▸ **Revisa y ajusta la configuración de privacidad:** es importante revisar y ajustar la configuración de privacidad en tus cuentas en línea. Esto incluye las redes sociales, servicios de correo electrónico y cualquier otra plataforma en la que compartas información personal. Asegúrate de limitar la visibilidad de tu información solo a las personas que deseas que la vean.

▶ **Minimiza la información personal compartida:** evita compartir información personal innecesaria en línea. Cuanta menos información personal compartas, menos posibilidades hay de que sea recopilada por servicios en línea. Piensa dos veces antes de proporcionar detalles como tu dirección, número de teléfono o información financiera.

▶ **Utiliza alias o nombres de usuario:** considera utilizar alias o nombres de usuario en lugar de tu nombre real en ciertos servicios en línea. Esto puede ayudar a proteger tu identidad y dificultar la recopilación de información personal.

▶ **Lee las políticas de privacidad:** antes de utilizar un servicio en línea, lee detenidamente sus políticas de privacidad. Asegúrate de comprender cómo se recopila, utiliza y comparte tu información personal. Si no estás de acuerdo con las políticas de privacidad de un servicio, considera buscar alternativas más respetuosas con la privacidad.

▶ **Utiliza herramientas de bloqueo de rastreo:** existen herramientas y extensiones de navegador que pueden ayudarte a bloquear el rastreo en línea y evitar que tus actividades sean seguidas y tu información personal sea recopilada. Estas herramientas pueden bloquear cookies de seguimiento y otros métodos de recopilación de datos.

▶ **Sé cauteloso al proporcionar información en formularios en línea:** antes de proporcionar información personal en formularios en línea, asegúrate de que el sitio web sea seguro y confiable. Verifica que la URL comience con "https://" y busca sellos de seguridad o certificados en el sitio web.

Utiliza servicios de correo electrónico y mensajería seguros: utiliza servicios de correo electrónico y mensajería que ofrezcan cifrado de extremo a extremo para proteger tus comunicaciones. Esto ayuda a evitar que terceros accedan a tus mensajes y recopilen información personal.

Existen varias aplicaciones y herramientas que pueden ayudar a las personas a conocer si su información personal está publicada en Internet.

A continuación, se presentan algunas recomendaciones y ejemplos de aplicaciones para saber qué tan expuesto está su información personal en línea:

▶ **Have I Been Pwned**: esta es una herramienta gratuita que permite a los usuarios verificar si su dirección de correo electrónico se ha comprometido en alguna violación de datos. La herramienta también proporciona información sobre qué datos personales se han visto comprometidos.

▶ **Google Alerts**: esta herramienta gratuita permite a los usuarios crear alertas personalizadas para recibir notificaciones cuando se publique información en línea relacionada con su nombre o dirección de correo electrónico.

▶ **Social Catfish**: esta es una herramienta de pago que permite a los usuarios buscar en línea para encontrar perfiles de redes sociales asociados con su nombre o dirección de correo electrónico. La herramienta también proporciona información sobre cualquier actividad sospechosa en línea asociada con su información personal.

▶ **DeleteMe**: esta es una herramienta de pago que ayuda a los usuarios a eliminar su información personal de sitios web de terceros y motores de búsqueda. La herramienta también proporciona informes detallados sobre la información personal que se ha eliminado.

▶ **MyPermissions**: esta es una herramienta gratuita que permite a los usuarios verificar qué aplicaciones tienen acceso a su información personal en las redes sociales y otros servicios en línea. La herramienta también permite a los usuarios revocar el acceso de las aplicaciones no deseadas.

3.2 PROCEDIMIENTO DE ACTUACIÓN EN EL MANEJO DE DATOS PERSONALES SENSIBLES

El manejo de datos personales sensibles requiere de un procedimiento de actuación adecuado para garantizar su protección y cumplir con las regulaciones de privacidad. A continuación, se desarrollará de manera amplia y técnica el procedimiento de actuación en el manejo de datos personales sensibles, dirigido a estudiantes de ciberseguridad.

3.2.1 Definición de datos personales sensibles

¿Qué son los datos personales sensibles?

Los datos personales sensibles son información que, por su naturaleza íntima o confidencial, puede exponer a una persona a riesgos graves como **discriminación, estigmatización o daño moral** si son divulgados, robados o manipulados. A diferencia de datos básicos como el nombre o el correo electrónico, estos revelan aspectos profundos de la identidad, creencias o condiciones de vida de un individuo.

Estos datos requieren una protección especial debido a su naturaleza y el riesgo potencial de discriminación o daño que pueden causar si se divulgan o utilizan de manera inapropiada.

ⓘ Ejemplo cotidiano

Imagina que una aplicación de fitness guarda no solo tu peso, sino también datos sobre una enfermedad crónica como la diabetes. Si esos datos son filtrados, podrían ser usados por una aseguradora para negarte un seguro médico.

Categorías y ejemplos de datos sensibles

Según el **Reglamento General de Protección de Datos (RGPD)** de la Unión Europea, los datos sensibles incluyen:

1. **Origen racial o étnico**:

    - *Ejemplo*: un formulario de empleo que pregunta por tu nacionalidad o etnia para filtrar candidatos.
    - *Riesgo*: discriminación laboral o exclusión social.

2. **Opiniones políticas**:

    - *Ejemplo*: historial de donaciones a partidos políticos en una base de datos hackeada.
    - *Riesgo*: persecución en regímenes autoritarios o acoso en redes sociales.

3. **Creencias religiosas**:

    - *Ejemplo*: una iglesia que comparte su lista de feligreses con empresas locales sin consentimiento.
    - *Riesgo*: ataques a minorías religiosas o exclusiones en comunidades.

4. **Afiliación sindical**:

- *Ejemplo*: un documento interno de una empresa que identifica a empleados miembros de un sindicato.

- *Riesgo*: despidos selectivos o represalias laborales.

5. **Datos de salud**:

- *Ejemplo*: resultados de pruebas de VIH almacenadas en una clínica con seguridad débil.

- *Riesgo*: estigma social, chantaje o denegación de servicios.

6. **Vida u orientación sexual**:

- *Ejemplo*: perfiles en apps de citas (como Grindr o Tinder) expuestos en una filtración.

- *Riesgo*: *Outing* no consentido, acoso homofóbico o transfóbico.

7. **Datos biométricos o genéticos**:

- *Ejemplo*: huellas dactilares guardadas en un sistema de control de acceso laboral.

- *Riesgo*: suplantación de identidad o acceso a sistemas críticos.

¿Por qué requieren protección especial?

La exposición de estos datos puede tener consecuencias irreversibles:

1. **1.Discriminación estructural**

- *Caso real: en 2020, una universidad estadounidense usó algoritmos para rechazar a estudiantes de origen latino, basándose en datos étnicos recopilados de redes sociales.*

2. **Chantaje y extorsión**

- *Ejemplo: en 2021, ciberdelincuentes accedieron a historiales médicos de pacientes psiquiátricos en España y exigieron rescates bajo amenaza de hacerlos públicos.*

3. **Exclusión social o laboral**

- *Escenario: un empleado es despedido tras descubrirse su afiliación sindical mediante un correo filtrado.*

3.2.2 Medidas de seguridad para la protección de datos personales sensibles

Para garantizar la protección de los datos personales sensibles, se deben implementar una serie de medidas de seguridad. Algunas de las acciones recomendadas son:

▼ **Identificación y clasificación de los datos sensibles:** es fundamental identificar y clasificar los datos personales sensibles que se manejan en una organización. Esto permite tener un conocimiento claro de la información que requiere una protección especial.

▼ **Políticas y procedimientos internos:** establecer políticas y procedimientos claros y actualizados para el manejo de datos personales sensibles. Estas políticas deben incluir la forma en que se recopilan, almacenan, procesan y eliminan estos datos, así como las medidas de seguridad que se deben implementar.

▼ **Acceso restringido:** limitar el acceso a los datos personales sensibles solo a aquellos empleados o personas autorizadas que necesiten tener acceso a ellos para realizar sus funciones. Esto se puede lograr a través de la implementación de controles de acceso, como contraseñas seguras, autenticación de dos factores y control de privilegios.

▼ **Cifrado de datos:** utilizar técnicas de cifrado para proteger los datos personales sensibles tanto en reposo como en tránsito. El cifrado garantiza que los datos sean ilegibles para cualquier persona que no tenga la clave de descifrado correspondiente.

▼ **Monitoreo y detección de intrusiones:** implementar sistemas de monitoreo y detección de intrusiones para identificar y responder rápidamente a cualquier intento de acceso no autorizado o actividad sospechosa relacionada con los datos personales sensibles.

▼ **Respaldo y recuperación de datos:** realizar copias de seguridad periódicas de los datos personales sensibles y tener un plan de recuperación de desastres en caso de pérdida o corrupción de los datos.

▼ **Capacitación y concientización:** brindar capacitación regular a los empleados sobre las políticas y procedimientos de manejo de datos personales sensibles, así como sobre las mejores prácticas de seguridad. Esto ayuda a crear una cultura de seguridad y conciencia en toda la organización.

▼ **Gestión de incidentes:** establecer un plan de gestión de incidentes para responder rápidamente a cualquier violación de seguridad o incidente relacionado con los datos personales.

▼ **Auditorías y revisiones regulares:** realizar auditorías y revisiones regulares de los sistemas informáticos y las políticas de seguridad para garantizar que se estén implementando de manera efectiva y que se estén cumpliendo los estándares de seguridad.

 **Nota**

Es importante destacar que el manejo de datos personales sensibles debe cumplir con las regulaciones y leyes de protección de datos vigentes en cada país. Algunas de las regulaciones más relevantes son el Reglamento General de Protección de Datos (GDPR) en la Unión Europea y la Ley Orgánica de Protección de Datos (LOPD) en España.

Ejemplos prácticos de implementación de las medidas preventivas de parte de la organización responsable de la protección de datos personales sensibles:

▼ Identificar y clasificar los datos personales sensibles que maneja mediante la realización de una auditoría de datos. Esta auditoría puede incluir la revisión de los sistemas de información, bases de datos y documentos para identificar los datos sensibles. Una vez identificados, se pueden clasificar según su nivel de sensibilidad y establecer medidas de seguridad adecuadas para cada tipo de dato.

▼ Establecer políticas y procedimientos claros y actualizados para el manejo de datos personales sensibles. Estas políticas deben incluir la forma en que se recopilan, almacenan, procesan y eliminan estos datos, así como las medidas de seguridad que se deben implementar. Por ejemplo, una política de contraseñas seguras puede requerir que los empleados utilicen contraseñas complejas y las cambien regularmente.

▼ Limitar el acceso a los datos personales sensibles solo a aquellos empleados o personas autorizadas que necesiten tener acceso a ellos para realizar sus funciones. Esto se puede lograr a través de la implementación de controles de acceso, como contraseñas seguras, autenticación de dos factores y control de privilegios. Por ejemplo, una organización puede establecer que solo los empleados de recursos humanos tengan acceso a los datos personales sensibles de los empleados.

- Utilizar técnicas de cifrado para proteger los datos personales sensibles tanto en reposo como en tránsito. Por ejemplo, una organización puede cifrar los datos sensibles almacenados en una base de datos y también cifrar los datos que se transmiten a través de una red.

- Implementar sistemas de monitoreo y detección de intrusiones para identificar y responder rápidamente a cualquier intento de acceso no autorizado o actividad sospechosa relacionada con los datos personales sensibles. Por ejemplo, una organización puede utilizar un sistema de detección de intrusiones para monitorear el tráfico de red y detectar cualquier actividad sospechosa.

- Realizar copias de seguridad periódicas de los datos personales sensibles y tener un plan de recuperación de desastres en caso de pérdida o corrupción de los datos. Por ejemplo, una organización puede realizar copias de seguridad diarias de los datos sensibles y almacenarlas en un lugar seguro fuera del sitio.

- Brindar capacitación regular a los empleados sobre las políticas y procedimientos de manejo de datos personales sensibles, así como sobre las mejores prácticas de seguridad. Esto ayuda a crear una cultura de seguridad y conciencia en toda la organización. Por ejemplo, una organización puede brindar capacitación anual sobre la protección de datos personales sensibles y realizar simulaciones de ataques para que los empleados estén preparados para responder a posibles amenazas.

A continuación, se presentan algunos casos emblemáticos en España y el mundo de filtraciones de datos personales sensibles y cómo se resolvieron:

- **TikTok y la vigilancia global (2022-2023):** investigaciones de *Forbes* y gobiernos occidentales revelaron que empleados de ByteDance (dueña de TikTok) accedieron a datos de usuarios fuera de China, incluyendo ubicaciones y hábitos de consumo. En España, la AEPD abrió una investigación en 2023 por posible acceso ilegal a datos de menores.

- **LinkedIn**: en 2021, Un ciberdelincuente vendió en un foro de la internet profunda (Deep Web) datos de **700 millones de usuarios** (el 92% de la base de datos sensibles). Incluía emails, números de teléfono, géneros y direcciones físicas. La Comisión Europea multó a LinkedIn con **8 millones de euros** por no proteger los datos.

▶ **Twitter (2020) y filtración de información de celebridades:** ciberdelincuentes explotaron una vulnerabilidad para acceder a cuentas de Barack Obama, Elon Musk y Bill Gates, promocionando una estafa de criptomonedas. También robaron datos privados de 5.4 millones de usuarios, vendiéndolos en la dark web por $30,000. **Multa de la FTC**: $150 millones a Twitter por engañar a usuarios sobre el uso de sus datos para seguridad.

▶ **Cambridge Analytica:** en 2018, se reveló que la consultora política Cambridge Analytica había obtenido datos personales de millones de usuarios de Facebook sin su consentimiento para utilizarlos en campañas políticas. Esto llevó a una investigación por parte de las autoridades de protección de datos en varios países, incluyendo España. En 2019, Facebook fue multado con 5.000 millones de dólares por la Comisión Federal de Comercio de Estados Unidos por violaciones a la privacidad.

▶ **Filtración de datos de Uber:** en 2016, se reveló que la empresa de transporte Uber había sufrido una filtración de datos que afectó a 57 millones de usuarios y conductores en todo el mundo. La compañía pagó un rescate a los ciberdelincuentes para evitar la divulgación de los datos. En 2018, Uber fue multado con 600.000 euros por la Agencia Española de Protección de Datos por no haber informado adecuadamente sobre la filtración.

▶ **Filtración de datos de Equifax:** en 2017, la agencia de informes crediticios Equifax sufrió una filtración de datos que afectó a más de 143 millones de personas en todo el mundo. La filtración incluyó información personal como nombres, fechas de nacimiento, números de seguridad social y direcciones. En 2019, Equifax llegó a un acuerdo con la Comisión Federal de Comercio de Estados Unidos para pagar una multa de 700 millones de dólares por violaciones a la privacidad.

▶ **Filtración de datos de la Agencia Tributaria española:** en 2017, se reveló que la Agencia Tributaria española había sufrido una filtración de datos que afectó a más de 4 millones de contribuyentes. La filtración incluyó información personal como nombres, direcciones y números de identificación fiscal. La Agencia Tributaria fue multada con 1,2 millones de euros por la Agencia Española de Protección de Datos por no haber tomado medidas adecuadas para proteger los datos.

Cómo proteger los datos sensibles: medidas prácticas

Para usuarios:

1. **Limitación de compartir**:

   - No reveles tu religión u orientación sexual en redes públicas (ej: Facebook).

2. **Apps y servicios seguros**:

   - Usa apps de salud con cifrado de extremo a extremo (ej: *Signal* para mensajes médicos).

3. **Permisos de apps**:

   - Deniega acceso a la cámara o ubicación a apps que no lo necesiten (ej: ¿por qué un juego necesita saber tu etnia?).

Para organizaciones (según RGPD):

1. **Cifrado obligatorio**:

   - Bases de datos con historiales médicos deben usar AES-256.

2. **Consentimiento explícito**:

   - No asumas que un usuario acepta compartir su afiliación sindical porque marcó "Acepto los términos".

3. **Acceso restringido**:

   - Solo personal autorizado (ej: médicos) puede ver diagnósticos en un hospital.

ⓘ Nota

En todos estos casos, las autoridades de protección de datos tomaron medidas para investigar y sancionar a las empresas responsables de las filtraciones. Es fundamental que las organizaciones tomen medidas adecuadas para proteger los datos personales sensibles y cumplan con las regulaciones y leyes de protección de datos aplicables en cada país.

Frase final:

En la era digital, tus datos son tan valiosos como el oro.
Si no los proteges, alguien los excavará.

3.2.3 Herramientas de privacidad de uso empresarial

Existen diversas herramientas prácticas en internet y comandos de Windows o Linux que se pueden utilizar para implementar medidas de seguridad para la protección de datos personales sensibles. A continuación, se presentan algunas opciones:

- **IBM Data Security:** IBM ofrece soluciones de seguridad de datos que incluyen cifrado de datos, control de acceso y monitoreo de actividad para proteger los datos sensibles en toda su vida útil.

- **Microsoft Privacy Dashboard:** Microsoft ofrece un panel de privacidad que permite a los usuarios acceder y controlar sus datos personales, así como ejercer sus derechos en materia de protección de datos.

- **Herramientas de seguridad de datos de PowerData:** PowerData ofrece soluciones de seguridad de datos que incluyen análisis de vulnerabilidades, productos de seguridad de datos y controles de privacidad para prevenir el acceso no autorizado y la divulgación de información sensible.

3.2.4 Utilidades para proteger los datos

Aquí tienes una lista de comandos de Windows y Linux que se pueden utilizar para proteger los datos personales sensibles en un sistema informático:

Comandos de Windows:

- **cipher:** este comando permite cifrar y descifrar archivos y carpetas en Windows. Puedes utilizarlo para cifrar archivos que contengan datos personales sensibles y así proteger su confidencialidad.

  Ejemplo:

  > `cipher /e /s:C:\carpeta` (cifra todos los archivos y subcarpetas dentro de la carpeta especificada en el comando).

- **icacls:** permite administrar los permisos de archivos y carpetas en Windows. Puedes utilizarlo para establecer permisos de acceso restringido a los archivos que contengan datos personales sensibles.

  Ejemplo:

  > `icacls C:\archivo.txt /deny Usuario:W` (deniega el permiso de escritura al usuario especificado para el archivo).

▶ **netsh advfirewall:** permite configurar el firewall de Windows. Puedes utilizarlo para bloquear puertos y conexiones no deseadas, lo que ayuda a proteger los datos personales sensibles de posibles ataques.

Ejemplo:

> `netsh advfirewall set allprofiles state on` (activa el firewall en todos los perfiles de red).

▶ **sfc /scannow:** verifica y repara archivos del sistema en Windows. Puedes utilizarlo para asegurarte de que los archivos del sistema estén intactos y no se hayan modificado de manera maliciosa.

Ejemplo:

> `sfc /scannow` (escanea y repara los archivos del sistema en busca de errores).

Comandos de Linux:

▶ **chmod:** permite cambiar los permisos de archivos y directorios en Linux. Puedes utilizarlo para establecer permisos de acceso restringido a los archivos que contengan datos personales sensibles.

Ejemplo:

`chmod 700 archivo.txt` (establece permisos de lectura, escritura y ejecución solo para el propietario del archivo).

▶ **iptables:** configura el firewall en Linux. Puedes utilizarlo para bloquear puertos y conexiones no deseadas, lo que ayuda a proteger los datos personales sensibles de posibles ataques.

Ejemplo:

`iptables -A INPUT -p tcp —dport 80 -j DROP` (bloquea todas las conexiones entrantes al puerto 80).

▶ **gpg:** el comando se usa para cifrar y descifrar archivos en Linux utilizando el sistema de criptografía de clave pública. Puedes utilizarlo para cifrar archivos que contengan datos personales sensibles y así proteger su confidencialidad.

Ejemplo:

`gpg —encrypt archivo.txt` (cifra el archivo utilizando el sistema de criptografía de clave pública).

▼ **rsync:** permite realizar copias de seguridad y sincronización de archivos en Linux. Puedes utilizarlo para realizar copias de seguridad periódicas de los datos personales sensibles y así asegurarte de que estén protegidos en caso de pérdida o corrupción.

Ejemplo:

rsync -avz origen/ destino/ (realiza una copia de seguridad y sincronización de archivos entre el origen y el destino).

3.3 TRANSFERENCIA INTERNACIONAL DE DATOS EN EL MARCO LEGAL

La transferencia internacional de datos se refiere a la transferencia de datos personales desde un país a otro. Esta práctica puede presentar riesgos para la privacidad y la seguridad de los datos personales, especialmente si se transfieren a países que no tienen leyes de protección de datos adecuadas. Es importante que las organizaciones adopten medidas adecuadas para garantizar la protección de los datos personales en la transferencia internacional de datos. A continuación, se desarrollará de manera amplia y técnica la transferencia internacional de datos, dirigido a estudiantes de ciberseguridad.

En la actualidad, la transferencia internacional de datos es una práctica común en el mundo empresarial. Sin embargo, esta práctica puede presentar riesgos para la privacidad y la seguridad de los datos personales, especialmente si se transfieren a países que no tienen leyes de protección de datos adecuadas. Por esta razón, es fundamental que las organizaciones adopten medidas adecuadas para garantizar la protección de los datos personales en la transferencia internacional de datos.

Una de las medidas más importantes para garantizar la protección de los datos personales en la transferencia internacional de datos es la implementación de salvaguardas adecuadas. Estas salvaguardas pueden incluir cláusulas contractuales tipo, reglas corporativas vinculantes y certificaciones y sellos de privacidad. Estas medidas garantizan que los datos personales se transfieran de manera segura y que se cumplan las regulaciones y leyes de protección de datos aplicables en cada país.

Además de las salvaguardas adecuadas, existen diversas herramientas prácticas que se pueden utilizar para garantizar la protección de los datos personales en la transferencia internacional de datos. Algunas de estas incluyen herramientas de cifrado, herramientas de control de acceso y herramientas de monitoreo y detección de intrusiones.

3.3.1 Marco legal de la transferencia internacional de datos

La transferencia internacional de datos está regulada por diversas leyes y regulaciones en todo el mundo. En la Unión Europea, el Reglamento General de Protección de Datos (GDPR) establece que los datos personales solo pueden transferirse a países que proporcionen un nivel adecuado de protección de datos o que cuenten con salvaguardas adecuadas para proteger los datos.

En España, la Ley Orgánica de Protección de Datos (LOPD) establece que los datos personales solo pueden transferirse a países que proporcionen un nivel adecuado de protección de datos o que cuenten con garantías adecuadas.

Salvaguardas adecuadas para la transferencia internacional de datos

Las salvaguardas adecuadas para la transferencia internacional de datos incluyen:

- **Cláusulas contractuales tipo:** estas son cláusulas estandarizadas que se incluyen en los contratos entre el controlador de datos y el procesador de datos en países que no proporcionan un nivel adecuado de protección de datos. Estas cláusulas establecen obligaciones específicas para el procesador de datos para garantizar la protección de los datos personales.

- **Reglas corporativas vinculantes:** estas son políticas internas de protección de datos que se aplican a todas las empresas de un grupo empresarial. Estas políticas deben ser aprobadas por las autoridades de protección de datos y garantizar un nivel adecuado de protección de datos en todas las transferencias internacionales de datos.

- **Certificaciones y sellos de privacidad:** estos son programas de certificación y sellos de privacidad que se otorgan a las empresas que cumplen con ciertos estándares de protección de datos. Estos programas pueden proporcionar una garantía adicional de que los datos personales se están protegiendo adecuadamente.

3.3.2 Herramientas prácticas para la transferencia internacional de datos

Existen diversas herramientas prácticas que se pueden utilizar para garantizar la protección de los datos personales en la transferencia internacional de datos.

Algunas de estas herramientas incluyen:

▶ Las herramientas de cifrado pueden utilizarse para cifrar los datos personales antes de la transferencia. Esto garantiza que los datos sean ilegibles para cualquier persona que no tenga la clave de descifrado correspondiente. Ejemplo:

- **VeraCrypt:** una herramienta de cifrado de disco que permite crear contenedores cifrados donde se pueden almacenar los datos personales sensibles antes de la transferencia. Los archivos dentro del contenedor están protegidos con una contraseña y solo pueden ser accedidos por aquellos que tengan la clave de descifrado correspondiente.

▶ Las herramientas de control de acceso pueden utilizarse para limitar el acceso a los datos personales solo a aquellos empleados o personas autorizadas que necesiten tener acceso a ellos para realizar sus funciones. Ejemplo:

- **Active Directory:** una herramienta de gestión de identidad y acceso en entornos de Windows que permite establecer políticas de acceso y permisos para los usuarios y grupos. Se pueden definir roles y privilegios específicos para limitar el acceso a los datos personales solo a aquellos usuarios autorizados.

▶ Las herramientas de monitoreo y detección de intrusiones pueden utilizarse para identificar y responder rápidamente a cualquier intento de acceso no autorizado o actividad sospechosa relacionada con los datos personales. Ejemplo:

- **Snort:** un sistema de detección de intrusiones de código abierto que monitorea el tráfico de red en busca de patrones y comportamientos sospechosos. Puede ayudar a identificar intentos de acceso no autorizado o actividades anómalas relacionadas con los datos personales durante la transferencia.

Es importante destacar que estos son solo ejemplos de herramientas prácticas y existen muchas otras disponibles en el mercado. La elección de las herramientas dependerá de las necesidades específicas de cada organización y de las regulaciones y leyes aplicables en cada país.

Aquí tienes algunos ejemplos de casos de uso para la transferencia internacional de datos:

▶ **Comunicación de datos entre empresas europeas y empresas en Estados Unidos o Reino Unido:** un caso común de transferencia internacional de datos es cuando una empresa con sede en Europa necesita enviar datos personales a una empresa establecida en Estados Unidos o Reino Unido. En este caso, se deben cumplir con las disposiciones del Reglamento General de Protección de Datos (RGPD) y las circulares de la Agencia Española de Protección de Datos (AEPD) para garantizar la protección de los datos durante la transferencia.

▶ **Transferencia de datos a proveedores de servicios en la nube:** muchas organizaciones utilizan servicios en la nube para almacenar y procesar datos. La transferencia de datos personales a proveedores de servicios en la nube ubicados en otros países puede ser necesaria. Es importante asegurarse de que estos proveedores cumplan con las leyes de protección de datos aplicables y establecer acuerdos contractuales sólidos para proteger los datos durante la transferencia.

▶ **Transferencia de datos a filiales o sucursales en otros países:** las organizaciones multinacionales a menudo necesitan transferir datos personales entre sus filiales o sucursales ubicadas en diferentes países. En este caso específico, se deben establecer políticas y procedimientos claros para garantizar que los datos se transfieran de manera segura y cumplan con las leyes de protección de datos aplicables en cada país.

▶ **Transferencia de datos a terceros proveedores o socios comerciales:** las organizaciones pueden necesitar transferir datos personales a terceros proveedores o socios comerciales ubicados en otros países para llevar a cabo actividades comerciales. Es fundamental establecer acuerdos contractuales sólidos que incluyan cláusulas de protección de datos y salvaguardas adecuadas para garantizar la seguridad y privacidad de los datos durante la transferencia.

Estos son solo algunos ejemplos de casos de uso para la transferencia internacional de datos. Cada organización puede tener sus propios escenarios específicos en los que sea necesario transferir datos personales a nivel internacional. Es importante evaluar cuidadosamente cada caso y asegurarse de cumplir con las leyes y regulaciones de protección de datos aplicables para garantizar la privacidad y seguridad de los datos durante la transferencia.

3.3.3 Mejores prácticas de privacidad empresarial

A continuación, te presento algunas mejores prácticas a nivel personal y empresarial para la transferencia segura internacional de datos:

▶ **Conocer las leyes y regulaciones aplicables:** es fundamental conocer las leyes y regulaciones aplicables en cada país para garantizar que se cumplan los requisitos de protección de datos durante la transferencia internacional de datos. En la Unión Europea, el Reglamento General de Protección de Datos (RGPD) establece las normas para la transferencia internacional de datos.

▶ **Implementar medidas de seguridad adecuadas:** es importante implementar medidas de seguridad adecuadas para garantizar la protección de los datos personales durante la transferencia internacional de datos. Estas medidas pueden incluir el cifrado de datos, el control de acceso y la detección de intrusiones.

▶ **Establecer acuerdos contractuales sólidos:** es fundamental establecer acuerdos contractuales sólidos con los proveedores de servicios en la nube o terceros proveedores para garantizar que se cumplan las leyes y regulaciones aplicables y que se protejan los datos personales durante la transferencia.

▶ **Realizar evaluaciones de riesgos:** es importante realizar evaluaciones de riesgos para identificar los riesgos potenciales para la privacidad y seguridad de los datos personales durante la transferencia internacional de datos. Esto permite tomar medidas preventivas y mitigar los riesgos.

▶ **Capacitar a los empleados:** es fundamental capacitar a los empleados sobre las mejores prácticas de seguridad y privacidad de datos para garantizar que se cumplan los requisitos de protección de datos durante la transferencia internacional de datos.

▶ **Mantener actualizadas las políticas y procedimientos:** es importante mantener actualizadas las políticas y procedimientos de protección de datos para garantizar que se cumplan los requisitos de protección de datos durante la transferencia internacional de datos.

▶ **Realizar pruebas de seguridad:** es fundamental realizar pruebas de seguridad regulares para identificar posibles vulnerabilidades y tomar medidas preventivas para proteger los datos personales durante la transferencia internacional de datos.

3.3.4 Pruebas de seguridad aplicables

Se hace necesario ampliar el punto relacionado a las comprobaciones de seguridad en la transferencia internacional de datos, entre ellas se incluyen:

▸ **Pruebas de penetración:** estas pruebas implican simular ataques de ciberdelincuentes para identificar vulnerabilidades en los sistemas y redes utilizados para la transferencia de datos. Se utilizan herramientas y técnicas avanzadas para evaluar la resistencia de los sistemas a los ataques y se identifican posibles puntos débiles que podrían comprometer la seguridad de los datos.

▸ **Pruebas de vulnerabilidad:** estas pruebas implican identificar y evaluar las vulnerabilidades existentes en los sistemas y aplicaciones utilizadas para la transferencia de datos. Se utilizan herramientas automatizadas y manuales para escanear los sistemas en busca de posibles vulnerabilidades y se generan informes detallados con recomendaciones para mitigar los riesgos identificados.

▸ **Pruebas de seguridad de la red**: estas pruebas se centran en evaluar la seguridad de la red utilizada para la transferencia de datos. Se analizan los controles de acceso, la configuración de firewalls, la detección de intrusiones y otras medidas de seguridad implementadas en la red. Se identifican posibles brechas de seguridad y se proponen mejoras para fortalecer la seguridad de la red.

▸ **Pruebas de cifrado:** estas pruebas se centran en evaluar la efectividad del cifrado utilizado para proteger los datos durante la transferencia. Se verifica si se está utilizando un cifrado sólido y se comprueba la correcta implementación y configuración del cifrado. Se realizan pruebas de descifrado para asegurarse de que los datos solo sean legibles para aquellos que tengan la clave de descifrado correspondiente.

▸ **Pruebas de cumplimiento normativo:** estas pruebas se centran en evaluar si la transferencia de datos cumple con las leyes y regulaciones aplicables, como el Reglamento General de Protección de Datos (RGPD) en la Unión Europea. Se revisan los procesos, políticas y procedimientos implementados para garantizar el cumplimiento normativo y se realizan auditorías para verificar que se estén siguiendo las mejores prácticas de protección de datos.

Al realizar estas pruebas de manera regular, las organizaciones pueden tomar medidas proactivas para fortalecer la seguridad de los datos y garantizar una transferencia segura de la información personal.

3.4 CONSENTIMIENTO INFORMADO DE DATOS PERSONALES

El consentimiento informado es un elemento fundamental en la protección de los datos personales. Se refiere al proceso mediante el cual se obtiene el consentimiento explícito y libre de una persona para el tratamiento de sus datos personales. Ayuda a crear una cultura de confianza y transparencia en la gestión de los datos personales.

Permite que el titular de los datos tenga control sobre el tratamiento de sus datos y garantiza que se cumplan las leyes y regulaciones aplicables en cada país. En esta sección, se desarrollará ampliamente el concepto de consentimiento informado, dirigido a estudiantes de ciberseguridad.

3.4.1 Importancia del consentimiento informado

El consentimiento informado es fundamental para garantizar la privacidad y seguridad de los datos personales. Permite que el titular de los datos tenga control sobre el tratamiento de sus datos y garantiza que se cumplan las leyes y regulaciones aplicables en cada país. Además, el consentimiento informado ayuda a crear una cultura de confianza y transparencia en la gestión de los datos personales.

3.4.2 Mejores prácticas para obtener el consentimiento informado

Para obtener el consentimiento informado de manera efectiva, se deben seguir algunas mejores prácticas, como:

- ▶ **Proporcionar información clara y concisa:** es fundamental proporcionar información clara y concisa sobre el tratamiento de los datos personales, incluyendo el propósito del tratamiento, los destinatarios de los datos y los derechos del titular de los datos.

- ▶ **Obtener el consentimiento de manera explícita:** el consentimiento debe ser explícito y no puede inferirse a partir de la inacción o el silencio del titular de los datos. Se deben proporcionar opciones claras y específicas para que el titular de los datos pueda otorgar o retirar su consentimiento en cualquier momento.

▼ **Garantizar la libertad del titular de los datos:** el consentimiento debe otorgarse de manera libre y sin presión. No se debe condicionar el acceso a un servicio o producto a la obtención del consentimiento.

▼ **Mantener un registro del consentimiento:** es importante mantener un registro del consentimiento otorgado por el titular de los datos, incluyendo la fecha, el propósito del tratamiento y la información proporcionada al titular de los datos.

3.4.3 Consentimiento informado en un proceso de investigación penal a nivel informático

El consentimiento informado es especialmente importante en la investigación penal y a nivel de forense informático. En estos casos, se debe obtener el consentimiento informado de los participantes en la investigación antes de recopilar y utilizar sus datos personales.

El consentimiento informado en la investigación implica proporcionar información clara y detallada sobre el propósito de la investigación, los posibles riesgos y beneficios, y los derechos del participante en la investigación.

Casos de uso

El consentimiento informado en la investigación penal y a nivel de forense informático se utiliza en una amplia variedad de estudios, desde investigaciones criminales hasta análisis forenses de dispositivos electrónicos. Por ejemplo, en una investigación criminal, los participantes pueden ser testigos o víctimas de un delito y deben otorgar su consentimiento informado antes de proporcionar información sobre el delito o permitir que se recopilen pruebas. En un análisis forense de dispositivos electrónicos, los participantes pueden ser propietarios de dispositivos electrónicos y deben otorgar su consentimiento informado antes de permitir que se realice un análisis forense de sus dispositivos.

Consecuencias

La falta de consentimiento informado en la investigación penal y a nivel de forense informático puede tener graves consecuencias para los participantes en la investigación y para la integridad de los datos recopilados. Sin el consentimiento informado, los participantes pueden no comprender completamente los riesgos y beneficios de la investigación y pueden no estar dispuestos a participar. Además, la falta de consentimiento informado puede socavar la confianza en la investigación y en la comunidad científica en general.

Mejores prácticas

Para obtener el consentimiento informado de manera efectiva en la investigación penal y a nivel de forense informático, se deben seguir algunas mejores prácticas, como:

- ▶ **Proporcionar información clara y detallada:** es fundamental proporcionar información clara y detallada sobre el propósito de la investigación, los posibles riesgos y beneficios, y los derechos del participante en la investigación.

- ▶ **Obtener el consentimiento de manera explícita:** el consentimiento debe ser explícito y no puede inferirse a partir de la inacción o el silencio del participante en la investigación. Se deben proporcionar opciones claras y específicas para que el participante pueda otorgar o retirar su consentimiento en cualquier momento.

- ▶ **Garantizar la libertad del participante:** el consentimiento debe otorgarse de manera libre y sin presión. No se debe condicionar la participación en la investigación a la obtención del consentimiento.

- ▶ **Mantener un registro del consentimiento:** es importante mantener un registro del consentimiento otorgado por el participante en la investigación, incluyendo la fecha, el propósito de la investigación y la información proporcionada al participante.

3.4.4 Responsabilidades del investigador forense digital

Los investigadores tienen una serie de responsabilidades en relación con el consentimiento informado en la investigación forense. Algunas de estas responsabilidades incluyen:

- ▶ **Comunicar toda la información necesaria:** los investigadores deben comunicar toda la información necesaria a los participantes para que puedan otorgar un consentimiento debidamente informado. Esto incluye información sobre el propósito de la investigación, los procedimientos involucrados, los posibles riesgos y beneficios, y los derechos del participante.

- ▶ **Obtener el consentimiento de manera voluntaria**: los investigadores deben obtener el consentimiento de manera voluntaria, sin coerción ni influencia indebida. Los participantes deben tener la libertad de aceptar o rechazar participar en la investigación sin consecuencias negativas.

▼ **Proporcionar opciones claras:** los investigadores deben proporcionar opciones claras y específicas sobre la participación en la investigación. Esto puede incluir la opción de retirar su consentimiento en cualquier momento sin penalización.

▼ **Documentar el consentimiento:** los investigadores deben documentar el consentimiento informado de los participantes. Esto puede incluir la firma de un formulario de consentimiento o cualquier otro medio que demuestre que el participante ha comprendido y aceptado los términos de la investigación.

▼ **Revisar y actualizar el consentimiento:** en caso de que haya cambios significativos en la investigación, los investigadores deben revisar y actualizar el consentimiento informado de los participantes. Esto garantiza que los participantes estén informados sobre cualquier cambio relevante y puedan tomar decisiones actualizadas.

▼ **Proteger la confidencialidad de los datos:** los investigadores deben garantizar la confidencialidad y seguridad de los datos personales recopilados durante la investigación. Esto implica implementar medidas de seguridad adecuadas para proteger la privacidad de los participantes y evitar el acceso no autorizado a los datos.

3.5 PRIVACIDAD EN REDES SOCIALES

¿Quién más sabe lo que hiciste en una red social?

En 2023, el usuario promedio comparte **317 piezas de datos personales al año** en redes sociales (Informe NordVPN). Desde tu ubicación en tiempo real hasta tus opiniones políticas, cada like, check-in o selfie alimenta algoritmos y bases de datos. Este capítulo no es sobre dejar las redes, sino sobre usarlas sin regalar tu privacidad.

3.5.1 Los 4 pilares de la privacidad en Redes Sociales

▼ **Control de Audiencia: ¿Quién ve tus publicaciones?**

● **Configuración básica:** limita quién puede ver tus posts, historias y biografía.

● **Listas personalizadas:** crea grupos como "Familia", "Trabajo" o "Amigos cercanos".

▶ **Datos sensibles: lo que nunca debes compartir**

- **Evita:** direcciones exactas, documentos (DNI, pasaporte), horarios diarios, fotos de menores sin difuminar.
- **Caso real:** en 2022, un influencer español se robó tras publicar su ubicación en tiempo real durante un viaje.

▶ **Permisos de terceros: Apps que espían por la puerta trasera**

- Juegos, tests de personalidad y filtros de fotos suelen acceder a tu lista de contactos, mensajes y ubicación.
- **Ejemplo:** el quiz "¿Qué personaje de Stranger Things eres?" vendió datos de 4 millones de usuarios a corredores de publicidad (Informe Wall Street Journal).

▶ **Huella digital pasiva: Metadatos y Geotags**

- Las fotos contienen metadatos (EXIF) con coordenadas GPS, modelo de cámara y fecha exacta.
- **Solución:** usar apps como Exif Eraser antes de subir imágenes.

3.5.2 Guía paso a paso por plataforma

▶ **Facebook: el gigante que sabe demasiado**

Audiencia de publicaciones:

- Ve a *Configuración y Privacidad > Tu actividad*.
- Elige "Solo yo" para publicaciones antiguas con el selector de fechas.

Etiquetado:

- Activa *Revisar etiquetas antes de que aparezcan en tu perfil*.

Apps conectadas:

- En *Configuración y privacidad > Apps y sitios web*, elimina todo lo que no uses.

Dato clave: en 2023, Facebook recopila 52% menos datos de usuarios que activan el *Centro de Privacidad*.

▶ **Instagram: más allá de los filtros**

Cuenta privada:

- Actívala en *Configuración y actividad > Privacidad de la cuenta > Cuenta privada*.

Historias:

- Usa *Ocultar historia a...* para excluir contactos específicos.

Actividad:

- Desactiva *Mostrar estado de actividad* y *Compartir uso de datos con socios*.

Truco: bloquea palabras clave ofensivas en Configuración > Sensibilidad > Palabras ocultas.

▶ Twitter/X: donde lo que publicas no se borra

Protege tus tuits:

- Ve a *Configuración > Privacidad y seguridad > Audiencia y etiquetado*.

Ubicación:

- Desactiva *Añadir ubicación a los tuits* en *Configuración > Privacidad > Datos de ubicación*.

Descargas de vídeos:

- En *Configuración > Privacidad y seguridad > Tus tuits*, marca *Desactivar descargas de vídeos*.

Alerta: Twitter/X permite descargar tu historial completo de datos. Revísalo cada 6 meses.

▶ LinkedIn: no todo es currículo

Visibilidad del perfil:

- En *Configuración > Visibilidad del perfil*, elige "Solo usuarios de LinkedIn".

Recomendaciones:

- Desactiva *Compartir actualizaciones de perfil con tu red* en *Privacidad*.

Anuncios personalizados:

- Opta por no recibir en *Configuración > Publicidad > Preferencias de datos*.

Caso real: un cazatalentos filtró datos de 500 millones de usuarios en 2021. Los que tenían perfiles privados no fueron afectados.

▼ **TikTok: el algoritmo que te estudia**

Cuenta privada:

- Actívala en *Configuración* > *Privacidad* > *Cuenta privada*.

Personalización de anuncios:

- Ve a *Configuración* > *Privacidad* > *Personalización y datos* y desactiva todo.

Descargas de vídeos:

- En *Privacidad* > *Vídeos que subes*, elige *No permitir descargas*.

ⓘ **Advertencia**

TikTok recopila datos biométricos (huella de voz, rasgos faciales) para efectos. Usa *Eliminar datos de efectos* en *Privacidad*.

3.5.3 Herramientas y hábitos más allá de la configuración

▼ **Alias y correos desechables**

- Usa un alias como fb.juanperez@example.com para registrarte.
- Herramientas:
- SimpleLogin: https://simplelogin.io/
- Firefox Relay: https://relay.firefox.com/
- MyPublicInbox: *https://mypublicinbox.com/register/*

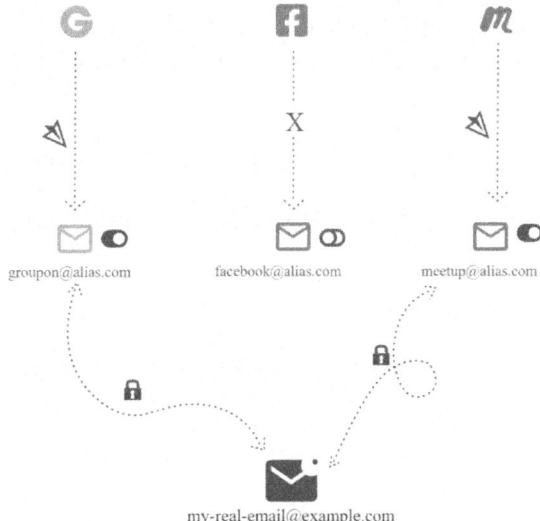

Figura 3.1. Imagen referencial del servicio "SimpleLogin".

▼ **Navegación separada**

- Usa un navegador solo para redes sociales (ej: Brave) y otro para actividades sensibles (banca).

▼ **Auditoría semestral**

- Descarga tus datos en cada plataforma (GDPR obliga a ofrecerlo). Busca sorpresas como:

- Búsquedas guardadas.

- Registros de ubicación.

- Dispositivos conectados antiguos.

3.5.4 Mitos peligrosos sobre la privacidad en redes

▼ **Mito 1: "Si borro un post, desaparece para siempre".**

Realidad: Facebook guarda copias hasta 90 días. Herramientas como *Wayback Machine* archivan contenido público.

▼ **Mito 2: "Los grupos privados son seguros".**

Realidad: cualquier miembro puede hacer capturas. En 2022, chats de un grupo de WhatsApp de 200 usuarios se filtraron a la prensa.

▼ **Mito 3: "Las redes no venden mis datos".**

Realidad: no los venden, pero los alquilan. Meta ganó $113 mil millones en 2022 por publicidad basada en tus intereses.

3.5.5 Casos de éxito: privacidad que marca la diferencia

▼ **Caso 1: activista político que evitó represalias**

- Usó seudónimo, desactivó geotags y limitó audiencia a seguidores verificados. Sus posts no aparecieron en búsquedas.

▼ **Caso 2: empresa que evitó espionaje industrial**

- Configuró LinkedIn para ocultar empleados clave y usó listas restringidas en Twitter. Competidores no pudieron rastrear su estrategia.

> ### ⓘ Ser social no significa ser transparente
>
> La privacidad en redes sociales es como cerrar las cortinas de tu casa: decides cuánto mostrar. Con estas herramientas, podrás disfrutar de conectar sin convertirte en un libro abierto.

Checklist de 5 minutos:

▶ Revisar lista de apps conectadas en Facebook/Instagram.

▶ Activar autenticación en dos factores (2FA) en todas las cuentas.

▶ Eliminar metadatos de 5 fotos con Exif Eraser.

▶ Desactivar personalización de anuncios en TikTok.

▶ Hacer una búsqueda de tu nombre en Google con "site:twitter.com" para ver qué es público.

Frase final:

En la era digital, tu silencio (y tus ajustes de privacidad) valen más que mil palabras.

3.6 COOKIES Y RASTREO EN LÍNEA

3.6.1 ¿Por qué tu navegador te observa más que tu mejor amigo?

Cada vez que visitas una web, decenas de "ojos digitales" registran tus clics, horarios y gustos. Las cookies y el rastreo en línea son las herramientas detrás de esta vigilancia silenciosa. En 2023, el usuario promedio es rastreado por **17 empresas distintas** en cada sitio web (Informe Ghostery). Este capítulo te enseñará a navegar sin dejar un rastro de migajas digitales.

Qué son y para qué sirven

Las cookies son archivos de texto que los sitios web guardan en tu navegador. Su función original era inofensiva:

▶ Recordar tu idioma preferido **en Wikipedia.**

▶ Mantener tu sesión abierta **en el correo electrónico.**

▶ Guardar productos en el carrito **de una tienda online.**

> **ⓘ Ejemplo útil**
>
> Cuando vuelves a Amazon y ves "Hola, Juan", es una cookie de sesión. Cuando el sitio sugiere "Productos que podrían gustarte", son cookies de preferencias.

3.6.2 El lado oscuro: Cookies de terceros y rastreo cruzado

Las **cookies de terceros** (no del sitio que visitas) son las que generan polémica. Empresas como Google y Meta las usan para:

- **Crear perfiles publicitarios**: saben que buscas coches eléctricos y te muestran anuncios de Tesla.

- **Seguirte en múltiples sitios**: si visitas un blog de viajes y luego YouTube, verás ads de agencias de turismo.

> **ⓘ Caso real:**
>
> En 2022, la Autoridad Francesa de Protección de Datos (CNIL) multó a Microsoft con 60 millones de euros por usar cookies de terceros en LinkedIn sin consentimiento.

3.6.3 Más allá de las Cookies: técnicas sigilosas de rastreo

- **Canvas Fingerprinting**

  - **Cómo funciona:** tu navegador dibuja una imagen oculta. Como cada dispositivo renderiza ligeras diferencias, crea un "ID único" para identificarte.

  - **Ejemplo:** sitios de noticias usan esta técnica para evitar que bloquees cookies.

3.6.4 Tracking Pixels (Píxeles de Seguimiento)

- **Qué son**: imágenes invisibles de 1x1 píxeles insertadas en emails o webs.

- **Para qué sirven**: saber si abriste un correo de propaganda o cuánto tiempo miraste un producto.

 Dato

El 89% de los correos de spam contienen píxeles de seguimiento (Estudio Trend Micro, 2023).

3.6.5 Widgets Sociales

Los botones de **"Me gusta"** de Facebook o los tweets incrustados cargan scripts que rastrean aunque no los clicks.

Prueba: instala la extensión Disconnect y verás cuántos trackers se activan al entrar a CNN.com.

3.6.6 Cómo funciona el mercado de tus datos

▶ **La Cadena del Rastreo**

- **Recolectores:** Webs y apps que instalan cookies.

- **Intermediarios:** empresas como LiveRamp o Criteo que venden perfiles.

- **Compradores:** anunciantes que pagan por mostrar ads personalizados.

ⓘ Ejemplo:

Si buscas "zapatillas running" en Google, una cookie de DoubleClick (Google Ads) registra tu interés. Luego, Nike te mostrará anuncios en Instagram gracias a un acuerdo entre Meta y Google.

¿Cuánto vales?

Tu perfil de datos se vende por 0.0005 a **0.002 \$US por impresión** (Informe IAB, 2023). Parece poco, pero multiplicado por millones de usuarios, genera \$500 mil millones anuales en publicidad.

3.6.7 Protección práctica: herramientas y hábitos para navegar en incógnito

Configuración básica del navegador

▼ **Bloquear cookies de terceros**

- **Chrome:** Configuración > Privacidad y seguridad > Cookies y datos de sitios.
- **Firefox:** Opciones > Privacidad y seguridad > Bloquear cookies de terceros.
- **Safari:** Preferencias > Privacidad > Bloquear todas las cookies.

▼ **Borrar cookies automáticamente**

Usa *Cookie AutoDelete* (Chrome/Firefox) para eliminar cookies al cerrar pestañas.

▼ **Navegadores centrados en privacidad**

- **Brave:** boquea trackers por defecto y ofrece navegación Tor integrada.
- **Firefox + Configuración Estricta:** activa "Protección contra rastreo mejorada" en modo estricto.

▼ **Extensiones imprescindibles**

- **uBlock Origin:** bloquea anuncios y trackers.
- **Privacy Badger (EFF):** detecta y bloquea scripts de seguimiento invisibles.
- **ClearURLs:** elimina parámetros de rastreo de los enlaces (ej: utm_source=facebook).

▼ **Navegación "Quemada"**

Usa perfiles separados en tu navegador:
- **Perfil 1:** redes sociales y Google (acepta cookies).
- **Perfil 2:** banca y correo (bloquea todo el rastreo).

3.6.8 Mitos y verdades sobre el rastreo

▼ **Mito 1: "El modo incógnito me protege".**

- **Realidad:** solo borra el historial al cerrar la ventana. Los sitios aún pueden rastrearte mediante IP o fingerprinting.

▶ **Mito 2: "Si no tengo cuentas en redes sociales, no me rastrean".**

- **Realidad:** los trackers de Meta y Google están en el 80% de las webs, aunque no uses sus plataformas (Informe DuckDuckGo).

▶ **Mito 3: "Aceptar cookies es obligatorio".**

- **Realidad**: el GDPR (Reglamento Europeo) exige que puedas rechazar las no esenciales. Si un sitio no te lo permite, denúncialo a la AEPD.

3.6.9 Caso práctico: cómo configurar Firefox para máxima privacidad

▶ Descarga Firefox y ve a about:preferences#privacy.

▶ En *Protección contra rastreo*, elige "Estricto".

▶ En *Cookies y datos*, marca "Bloquear cookies de terceros".

▶ Instala uBlock Origin y Privacy Badger.

▶ Prueba tu configuración en CoverYourTracks.

Resultado: tu huella digital será única para solo el 5% de los usuarios, reduciendo el rastreo.

Tú decides quién te sigue

Las cookies y el rastreo son un peaje oculto de la web moderna. Pero con las herramientas adecuadas, puedes elegir pagar con datos o navegar en el anonimato. Recuerda: tu privacidad no es una configuración, es un derecho.

Checklist de acción:

▶ Bloquear cookies de terceros en tu navegador actual.

▶ Instalar uBlock Origin y Privacy Badger.

▶ Usar un navegador alternativo (Brave/Firefox) para actividades sensibles.

▶ Rechazar cookies no esenciales en al menos 5 sitios hoy.

Frase final:

En internet, cada clic es un paso. Asegúrate de que nadie siga tus huellas.

3.7 CIBERSEGURIDAD Y LOS MENORES DE EDAD

La generación que nació con una pantalla en las manos

Los menores de hoy son nativos digitales: el 89% de los niños españoles de 10 años tiene acceso a un smartphone (Informe INE, 2023). Pero esta hiperconexión conlleva riesgos invisibles: ciberacoso, grooming, adicción a las redes y exposición a contenido violento. Este capítulo no busca prohibir la tecnología, sino convertirla en un aliado seguro para el desarrollo físico, emocional y social de los más jóvenes.

3.7.1 Los riesgos digitales que enfrentan los menores

▼ **Ciberacoso: el atacante silente que nunca duerme**

- **Definición**: amenazas, humillaciones o difusión de información privada a través de redes, juegos online o mensajería.

- **Estadísticas:**
  - El 40% de los adolescentes españoles ha sufrido ciberbullying (Informe Save the Children, 2023).
  - El 70% de las víctimas no lo comunica por vergüenza o miedo.

- **Casos reales:**
  - Caso Diego: un niño de 13 años en Valencia desarrolló ansiedad tras recibir mensajes como "Eres un inútil" en un grupo de WhatsApp de clase.

- **Señales de alerta:**
  - Cambios bruscos de humor.
  - Evitar el móvil o redes sociales.
  - Bajo rendimiento escolar.

▼ **Grooming: el depredador detrás del perfil falso**

Cómo actúan:
- Crean perfiles falsos en redes como Instagram o Fortnite.
- Ganan confianza regalando skins o elogiando al menor.
- Piden fotos íntimas o encuentros en persona.

Datos escalofriantes:
- España es el tercer país de la UE en casos de grooming (Europol, 2022).
- El 80% de los agresores son contactados en menos de 30 minutos.

Ejemplo de táctica:

Usan juegos como Roblox para enviar enlaces maliciosos disfrazados de "códigos gratis de Robux".

▶ **Exposición a contenido inapropiado**

- **Plataformas de riesgo:**
  - TikTok: desafíos peligrosos (ej: "Rompe cráneos").
  - YouTube Kids: vídeos con violencia o lenguaje explícito camuflados como infantiles.
  - Omegle: charlas con desconocidos sin moderación.

- **Impacto psicológico:**
  - Normalización de la violencia (ej: retos de Squid Game).
  - Ansiedad por contenido sexual explícito (el 58% de los menores lo ven antes de los 12 años, según EU Kids Online).

▶ **Adicción a las pantallas: cuando el juego se convierte en obsesión**

- **Síntomas:**
  - Ira al limitar el tiempo de uso.
  - Mentiras sobre horas invertidas en redes.
  - Aislamiento social y descuido de responsabilidades.

- **Datos preocupantes:**
  - El 12% de los adolescentes españoles cumple criterios de adicción a videojuegos (OMS, 2023).
  - Fortnite y TikTok lideran las apps más adictivas.

3.7.2 Herramientas técnicas: creando un entorno digital seguro

▶ **Configuración de dispositivos**

Para móviles y tablets:

▶ **iOS (iPhone/iPad):**

- Ve a Ajustes > Tiempo de uso > Límites de apps.
- Bloquea redes sociales después de 1 hora diaria.
- Activa Contenido explícito en Restricciones.

▼ **Android**:
  - Usa Family Link (Google) para aprobar descargas de apps.

▼ **Para consolas y PC gaming**:
  - Xbox: configura privacidad en línea para bloquear chat con desconocidos.
  - Steam: activa el modo familiar para filtrar juegos por edad.

3.7.3 Control parental en redes sociales

▼ **Instagram:**

Guía supervisada:
  - En Configuración > Supervisión, vincula tu cuenta a la de tu hijo.
  - Recibe alertas si publica contenido sensible.

▼ **TikTok:**

Sincronización familiar:
  - Limita tiempo diario a 60 minutos.
  - Bloquea hashtags como #retopeligroso.

▼ **Herramientas externas**:
  - Qustodio: filtra contenido, rastrea ubicación y bloquea apps.
  - Bark: detecta mensajes de acoso o autolesiones en 30+ plataformas.

3.7.4 Gestión segura de redes sociales y mensajería instantánea:

Protección en X, Facebook, Instagram, WhatsApp y Telegram, con tips para Android e iOS

En la era digital, las redes sociales y las aplicaciones de mensajería instantánea se han convertido en herramientas esenciales para la comunicación, el entretenimiento y el trabajo. Sin embargo, su uso masivo también las ha convertido en objetivos principales para ciberdelincuentes, exponiendo a los usuarios a riesgos como el robo de identidad, el phishing, la suplantación de cuentas o la filtración de datos personales.

Este documento ofrece una guía integral para gestionar de forma segura plataformas como X (antes Twitter), Facebook, Instagram, WhatsApp y Telegram, junto con recomendaciones prácticas para configurar dispositivos Android e iOS. El objetivo es empoderar a los usuarios con estrategias proactivas que mitiguen riesgos y protejan su privacidad.

Gestión segura en redes sociales

⚐ **X (Twitter)**

- **Riesgos principales:**
  - Cuentas falsas (bots) que difunden desinformación.
  - Mensajes directos con enlaces maliciosos.
  - Exposición de datos personales en perfiles públicos.

- **Configuración de seguridad:**
  - **Autenticación en dos pasos (2FA):**
    Actívala en Configuración > Seguridad y acceso > Seguridad > Autenticación en dos pasos. Usa una app de autenticación (Google Authenticator, Authy) en lugar de SMS.
  - **Privacidad de Tweets:**
    En Configuración > Privacidad y seguridad, marca "Proteger tus tweets" para restringir quién ve tus publicaciones.
  - **Control de etiquetas:**
    Limita quién puede etiquetarte en fotos o mencionarte en *Configuración > Privacidad y seguridad > Etiquetado*.
  - **Revisión de aplicaciones conectadas:**
    Elimina apps de terceros no utilizadas en *Seguridad y acceso > Apps y sesiones*.
  - **Tips adicionales:**
    - No compartas ubicación en tiempo real.
    - Desconfía de mensajes directos que soliciten datos personales o incluyan enlaces acortados (bit.ly, t.co).

⚐ **Facebook**

- **Riesgos principales:**
  - Robo de cuentas mediante phishing.
  - Configuraciones de privacidad laxas que exponen información a desconocidos.
  - Aplicaciones fraudulentas que acceden a datos del perfil.

- **Configuración de seguridad:**
  - **Revisión de privacidad:**
    Usa el *"Comprobador de Privacidad"* (disponible en el menú principal) para ajustar quién ve tus publicaciones, amigos y datos de perfil.

- **Autenticación en dos pasos:**
  Actívala en *Configuración > Seguridad e inicio de sesión*.

- **Historial de actividad:**
  Monitorea inicios de sesión sospechosos en *Seguridad e inicio de sesión > Dónde iniciaste sesión*.

- **Aplicaciones y sitios web:**
  Revoca permisos de apps obsoletas en *Configuración > Aplicaciones y sitios web*.

- **Tips adicionales:**
  - Evita publicar fechas de nacimiento completas o direcciones.
  - No uses la misma contraseña para Facebook y otras plataformas.

▼ **Instagram**

- **Riesgos principales:**
  - Cuentas falsas que suplantan identidades.
  - Mensajes con enlaces a estafas de "verificación de cuentas".
  - Geolocalización expuesta en historias y publicaciones.

- **Configuración de seguridad:**
  - **Cuenta privada:**
    - Activa "Cuenta privada" en *Configuración > Privacidad* para aprobar seguidores manualmente.

- Activar cuenta privada en Instagram Fuente: https://www. businessinsider.es/
  - **Etiquetado y menciones:**
    Restringe quién puede etiquetarte o mencionarte en *Privacidad > Etiquetas*.

– **Autenticación en dos pasos:**
Configúrala usando una app de autenticación en *Seguridad > Autenticación en dos pasos*.

– **Control de actividad:**
Revisa los inicios de sesión en *Seguridad > Accesos y datos*.

– **Tips adicionales:**
  ■ Desactiva la opción "Mostrar estado de actividad" para ocultar cuándo estás en línea.
  ■ Usa la función "Limitar" para bloquear interacciones de cuentas sospechosas.

▼ **Mensajería instantánea: WhatsApp vs. Telegram**

• **WhatsApp**

– **Riesgos principales:**
  ■ Mensajes de phishing que imitan a servicios oficiales (por ejemplo, supuestas multas de tráfico).
  ■ Copias de seguridad no cifradas en la nube.
  ■ Grupos públicos con enlaces a malware.

• **Configuraciones clave:**

– **Cifrado de extremo a extremo:**
Asegúrate de que esté activado (viene por defecto). Verifica el código de seguridad en *Ajustes > Cuenta > Cifrado*.

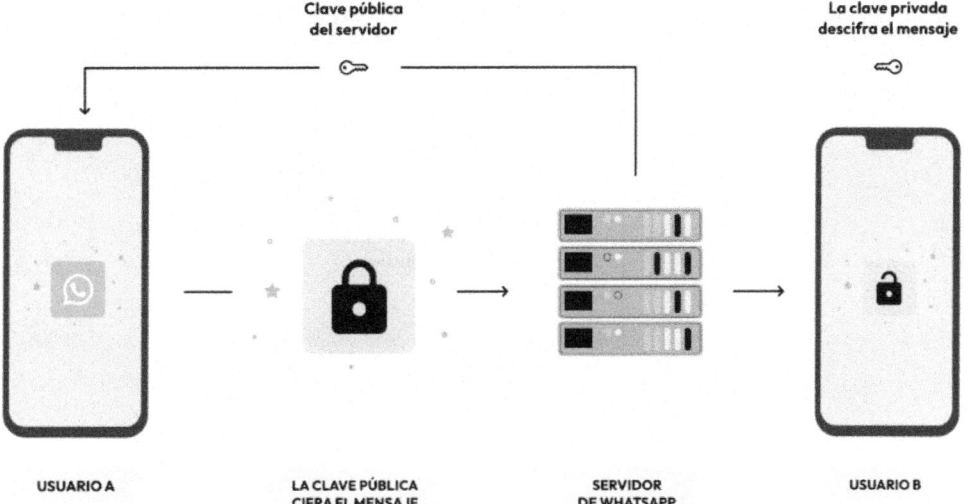

Figura 3.2. Funcionamiento del cifrado de extremo a extremo de WhatsApp. Fuente: urtech.ca/

- **Autenticación en dos pasos:**
  Actívala en *Ajustes > Cuenta > Verificación en dos pasos*.

- **Privacidad de última vez y estado:**
  Limita quién ve tu información en *Ajustes > Privacidad*.

- **Copias de seguridad:**
  Usa contraseñas para backups en Google Drive o iCloud (disponible en *Ajustes > Chats > Copia de seguridad*).

- **Tips adicionales:**
  - No hagas clic en enlaces de mensajes no solicitados.
  - Bloquea números desconocidos que envían contenido sospechoso.

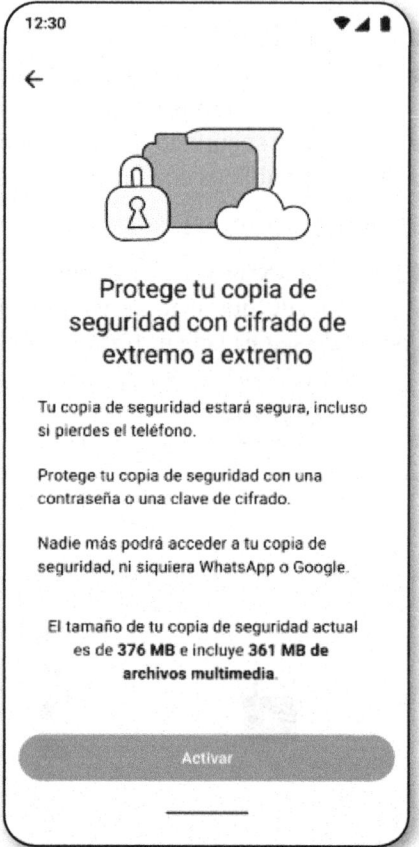

Figura 3.3. Activar copia de seguridad con cifrado de extremo a extremo en WhatsApp. Fuente: https://www.whatsapp.com/privacy

▸ **Telegram**

- **Riesgos principales:**
  - Canales falsos que prometen regalos o premios.
  - Chats secretos no activados, lo que expone mensajes.

- **Configuraciones clave:**
  - **Chats secretos:**
    Actívalos para conversaciones cifradas que no se almacenan en la nube (disponibles al iniciar un chat nuevo).

  - **Verificación en dos pasos:**
    Configúrala en *Ajustes > Privacidad y seguridad > Verificación en dos pasos*.

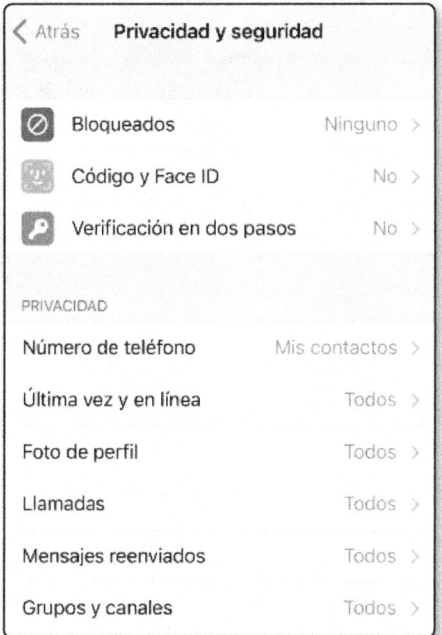

Figura 3.4. Activar Verificación en dos pasos en Telegram
en iPhone. Fuente: https://telegram.tips

  - **Autodestrucción de cuenta:**
    - Establece un plazo para eliminar tu cuenta inactiva en *Privacidad y seguridad > Eliminación de cuenta*.

- Desde tu PC/laptop o teléfono móvil, usando cualquier navegador web, ingresar a la página de desactivación de Telegram: https://my.telegram.org/auth?to=delete

– **Control de sesiones activas:**
Revoca accesos no reconocidos en *Dispositivos*.

– **Tips adicionales:**
- Usa nombres de usuario en lugar de compartir tu número de teléfono.
- Evita unirte a grupos públicos con enlaces compartidos en foros no seguros.

Figura 3.5. Eliminar cuenta de Telegram. Fuente: https://my.telegram.org/

▸ **Configuración segura en dispositivos móviles**

- **Android**

Protección básica:

– **Actualizaciones del sistema:**
Activa las actualizaciones automáticas en *Ajustes > Seguridad y privacidad > Actualizaciones*.

– **Google Play Protect:**
Escanea apps en busca de malware en *Google Play > Perfil > Play Protect*.

– **Permisos de Apps:**
Revisa qué accesos tienen las apps en *Ajustes > Seguridad y Privacidad > Administrador de permisos*.

Protección avanzada:

– **Cifrado de datos:**

Actívalo en *Ajustes > Seguridad y Privacidad > Más ajustes de seguridad > Encriptar tarjeta de memoria.*

– **VPN:**

Instala una VPN confiable para navegar en redes Wi-Fi públicas.

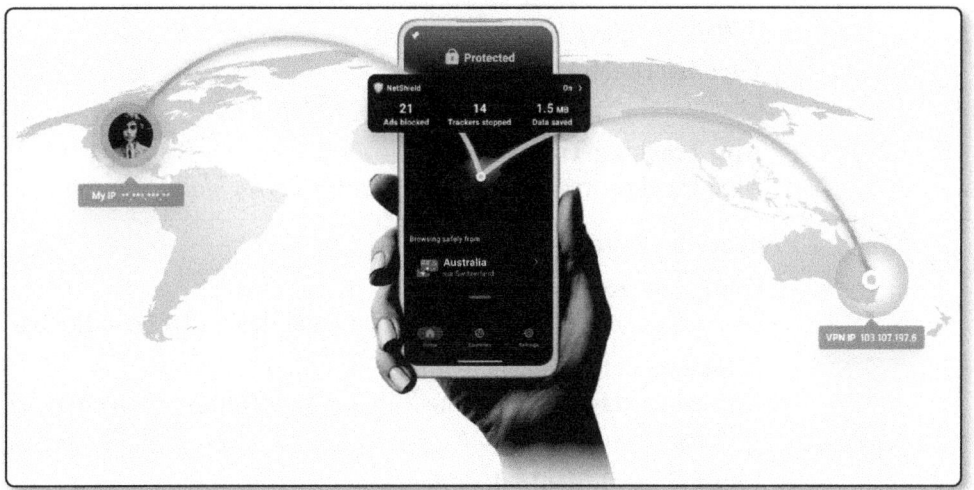

Figura 3.6. Imagen referencial de la aplicación "Proton VPN". Fuente: https://protonvpn.com/

El uso de una VPN en teléfonos móviles es esencial para proteger la privacidad y seguridad en un entorno digital cada vez más expuesto. Los dispositivos móviles manejan información sensible –contraseñas, transacciones bancarias, comunicaciones– y su conexión constante a redes públicas (cafés, aeropuertos) los vuelve vulnerables a ciberataques. Una VPN encripta el tráfico de datos, impidiendo que hackers intercepten información mediante técnicas como el sniffing.

Además, las VPN evitan el rastreo por parte de proveedores de internet (ISP), aplicaciones y anunciantes, que suelen monitorear hábitos de navegación para crear perfiles publicitarios. Al ocultar la dirección IP, se dificulta la geolocalización y la recopilación masiva de datos, garantizando anonimato incluso en redes móviles. Otro beneficio clave es el acceso a contenido restringido geográficamente. Plataformas de streaming, servicios o noticias pueden limitarse por región; una VPN permite saltar barreras virtuales al simular una ubicación distinta. Esto también es crucial en países con censura gubernamental, donde ciertas páginas o redes sociales están bloqueadas.

- **iOS**

Protección básica:

- **Actualizaciones de iOS:**
  Habilita actualizaciones automáticas en *Ajustes > General > Actualización de software*.

- **Face ID/Touch ID:**
  Configúralo en *Ajustes > Face ID y código*.

- **App Tracking Transparency:**
  Bloquea el rastreo de apps en *Ajustes > Privacidad > Rastreo*.

Protección avanzada:

- **Código de acceso fuerte:**
  Usa una contraseña alfanumérica en lugar de un PIN de 4 dígitos.

- **iCloud con clave de seguridad:**
  Añade una clave física (como YubiKey) en *Ajustes > [Tu nombre] > Contraseña y seguridad*.

- **Limitar seguimiento de ubicación:**
  Configura que las apps solo accedan a tu ubicación "Al usar la app" en *Privacidad > Servicios de ubicación*.

- **Buenas prácticas en el uso teléfonos celulares**

- **Contraseñas únicas y fuertes:**
  Usa un gestor de contraseñas (Bitwarden, 1Password) para generar y almacenar claves complejas.

- **Phishing:**
  Verifica siempre la URL de los enlaces y el remitente de correos o mensajes.

- **Copias de seguridad:**
  Realiza backups cifrados de tus datos críticos en la nube o discos externos.

- **Educación continua:**
  Mantente informado sobre nuevas amenazas (por ejemplo, deepfakes en redes sociales).

3.7.5 Navegación segura en el hogar

▼ **DNS familiares:**

- Usa *CleanBrowsing* (gratis) para bloquear pornografía y violencia.
- Usa servicios de DNS públicos gratuitos para restringir el acceso web a contenidos para adultos (+18 años) y malware (ej. CloudFlare)

En el router, cambia DNS a CleanBrowsing (incluye filtros de contenidos):

```
IPv4: 185.228.168.168 #Opción 1 si usas una dirección IPv4
IPv6: 2a0d:2a00:1:: #Opción 2 si usas una dirección IPv6
```

▼ **Extensiones para Chrome/Firefox**:

- Blocksi: limita búsquedas en Google y YouTube.

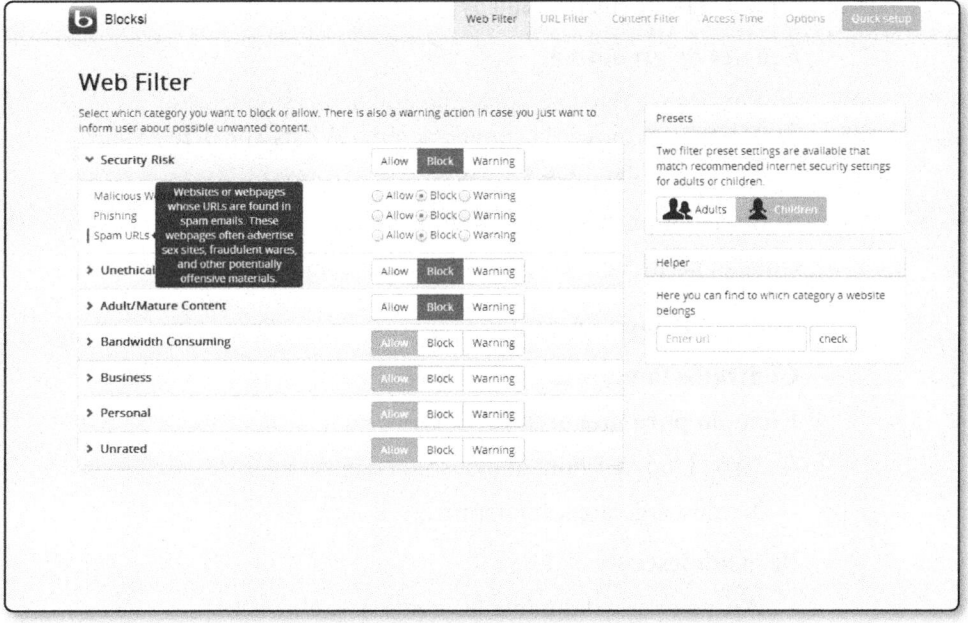

Figura 3.7. Imagen referencial del sitio web de Blocksi Web Filter
Fuente: https://chromewebstore.google.com/

3.7.6 Educación Digital: enseñando a navegar con criterio

▶ **Reglas básicas para compartir en línea**

La Regla del "Abuelo Digital":

No publiques nada que no mostrarías a tu abuelo.

▶ *Datos nunca compartidos:*

- Dirección, colegio, horarios, fotos en uniforme.

ⓘ **Ejercicio práctico**

Juega a ¿Qué está mal en esta foto? analizando selfies con matrículas de coches o placas de calle visibles.

▶ **Identificación de perfiles falsos**

- **Señales de grooming**:
  - Perfiles sin fotos personales o con pocos seguidores.
  - Insisten en mover la conversación a WhatsApp o Telegram.
  - Piden guardar "nuestro secreto".

- **Simulación para adolescentes**:

  Crea un perfil falso en clase y muestra cómo detectarlo.

▶ **Gestión del tiempo de pantalla**

- **Contratos familiares**:

  Ejemplo para menores de 12 años:
  - Uso el móvil 1 hora al día, solo en el salón.
  - No descargo apps sin permiso.

- **Para adolescentes:**
  - Apago el móvil durante las comidas y al dormir.

- **Técnica del "Cargador Común"**:

  Todos los dispositivos se cargan en un lugar público, no en dormitorios.

3.7.7 Marco Legal: lo que los padres y centros educativos deben saber

▼ **Ley Orgánica 3/2018 (Protección de Datos y Garantía de Derechos Digitales)**

- Artículo 7: menores de 14 años necesitan consentimiento paterno para registrarse en redes.
- Artículo 83: centros educativos deben incluir ciberseguridad en el currículo.

ⓘ **Multas ejemplares**

En 2022, TikTok fue sancionada con 10 millones de euros en España por permitir cuentas de menores de 13 años.

▼ **Responsabilidad de los Centros Educativos**

Protocolos antiacoso:

- Designar un coordinador de bienestar digital.
- Usar plataformas como educamos con chats moderados.
- *Formar a profesores en detección de sexting o doxing.*

Recursos para colegios:

- Internet Segura for Kids (IS4K): talleres y materiales didácticos gratuitos.

Figura 3.8. Imagen referencial del sitio web de Internet Segura for Kids (IS4K) Fuente: https://www.incibe.es/menores

⧐ **El Rol de la industria tecnológica**

- **Diseño ético para menores**

  YouTube Kids: *críticas por algoritmos que recomiendan contenido violento.*

Figura 3.9. Imagen referencial del sitio web de YouTube Kids. Fuente: https://www.youtubekids.com/

- **Avances positivos:**
  - Minecraft Education: promueve creatividad sin chats públicos.

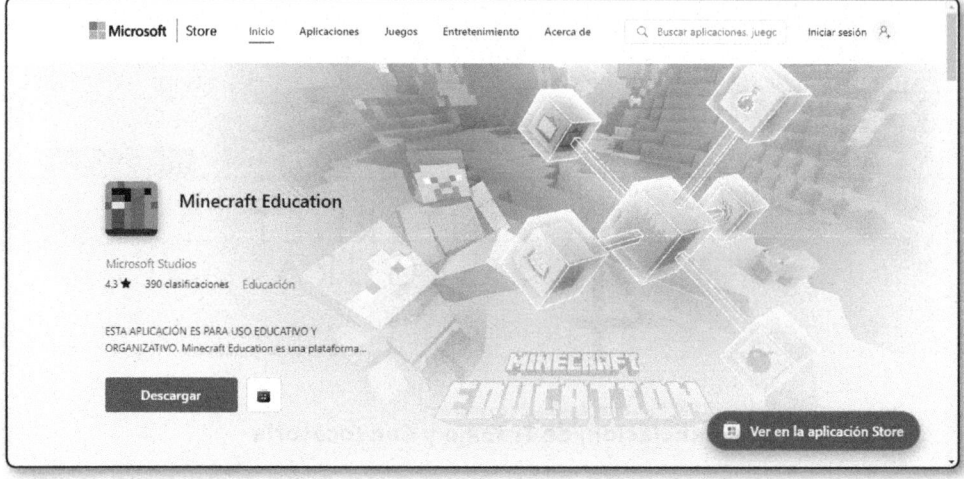

Figura 3.10. Imagen referencial del sitio web de Minecraft Education. Fuente: https://apps.microsoft.com/

  - Instagram: elimina likes para reducir presión social.

▶ **Presión a las plataformas**

- *Iniciativas ciudadanas:*
  - Campañas como #NoSeasEstrella (para evitar que menores expongan sus vidas en redes).
  - Peticiones en Change.org para verificación de edad estricta en TikTok.

3.7.8 Recursos para padres, educadores y menores

▶ **Líneas de ayuda en España**

- **017:** línea de INCIBE para reportar ciberacoso o grooming.
- **ANAR:** teléfono 900 20 20 10 para menores en riesgo.

▶ **Apps y plataformas seguras**

- **Juegos**: Animal Crossing (sin chat de voz con desconocidos).

▶ **Un internet seguro es tarea de todos**

Proteger a los menores online no es solo instalar un control parental: es combinar tecnología, educación y empatía. Cada clic, like o mensaje que enviamos modela el mundo digital que heredarán.

- *Checklist de acción:*
  - Configurar control parental en al menos 2 dispositivos.
  - Hablar con tus hijos sobre grooming usando ejemplos prácticos.
  - Organizar una reunión en el colegio para proponer talleres de ciberseguridad.
  - Descargar y probar una app segura como PopJam.

Frase final:

En la era digital, ser padre no es vigilar cada clic, sino enseñar a navegar con brújula moral.

4

PROTECCIÓN DE LA SALUD, EL BIENESTAR Y EL ENTORNO

4.1 LA CONEXIÓN INVISIBLE ENTRE TU VIDA DIGITAL Y TU MUNDO REAL

En 2023, el usuario promedio pasa **6 horas y 37 minutos diarios en pantallas** (DataReportal), una cifra que no solo refleja adicción, sino una huella ecológica invisible: cada búsqueda en Google, cada vídeo en streaming y cada correo electrónico genera emisiones de CO_2. De hecho, **la industria tecnológica ya supera el 3% de las emisiones globales**, equivalente a la aviación comercial. Pero el impacto no termina ahí: la dependencia digital está reescribiendo nuestra biología.

Estudios de la Universidad de Stanford revelan que la exposición constante a notificaciones reduce la capacidad de concentración en un 40%, mientras que la Universidad de Oxford alerta de que el uso excesivo de redes sociales incrementa el riesgo de depresión en adolescentes y adultos jóvenes en un 26%. *En el capítulo anterior, analizamos los riesgos específicos que enfrentan niños y adolescentes en el entorno digital, como el ciberacoso, el grooming y la exposición a contenido inapropiado, además de herramientas prácticas para proteger a los más jóvenes.*

*En este capítulo, ampliaremos ese enfoque para explorar cómo estas amenazas –y otras derivadas de la hiperconectividad– impactan la salud física, mental y social de los usuarios de **todas las edades**.*

Este enfoque transversal nos permitirá entender que la ciberseguridad no es solo proteger contraseñas o dispositivos, sino también cuidar el bienestar humano en un mundo donde lo digital y lo físico están irrevocablemente entrelazados. Un informe de la *Royal Society for Public Health* del Reino Unido señala que el 70% de los jóvenes sienten que su autoestima se deteriora tras compararse con influencers.

El ciberacoso no termina en la adolescencia: muta, se profesionaliza y deja cicatrices tanto en el cuerpo como en la mente.

4.2 CUANDO LO DIGITAL DAÑA LO FÍSICO Y MENTAL

En la era de la hiperconectividad, la frontera entre lo digital y lo humano se desdibuja con una rapidez sin precedentes. Las pantallas, omnipresentes en nuestras vidas, han dejado de ser meras herramientas para convertirse en extensiones de nuestra identidad, intermediarias de nuestras relaciones y custodias de nuestra memoria. Sin embargo, este matrimonio entre tecnología y cotidianidad no está exento de contradicciones. Mientras celebramos los avances que nos permiten trabajar desde cualquier lugar, aprender en segundos o conectar con personas al otro lado del mundo, emerge una paradoja silenciosa: **lo digital, diseñado para facilitar la vida, está erosionando dimensiones esenciales de nuestra salud física y mental**.

Este fenómeno, lejos de ser anecdótico, revela una crisis multidimensional donde la innovación tecnológica choca contra los límites biológicos, cognitivos y emocionales del ser humano.

El cuerpo en jaque: cuando la tecnología debilita lo físico

La relación entre lo digital y el cuerpo humano es, en muchos casos, una batalla desigual. Por un lado, dispositivos como smartphones, tablets y computadoras han optimizado tareas, pero por otro, han impuesto un estilo de vida sedentario con consecuencias alarmantes. La **inmovilidad física**, por ejemplo, se ha normalizado: horas frente a pantallas reducen la actividad muscular, aumentan el riesgo de obesidad y debilitan la salud cardiovascular. Según la OMS, el 60% de la población mundial no realiza la actividad física mínima necesaria, y el uso excesivo de tecnología es un factor clave.

Además, la ergonomía sufre bajo el dominio digital. Posturas incorrectas al mirar el móvil –como el "cuello de texto" (inclinación cervical hacia adelante)– generan lesiones crónicas en columna y hombros. A esto se suman afecciones como el *síndrome visual informático*: ojos secos, visión borrosa y migrañas provocadas por la exposición prolongada a luz azul. Incluso el sueño, pilar de la salud física, se ve alterado. La melatonina, hormona reguladora del ciclo sueño-vigilia, se suprime ante la luz de las pantallas, desencadenando insomnio y fatiga crónica.

Las redes sociales, diseñadas para captar atención, explotan vulnerabilidades psicológicas. La comparación constante con vidas editadas digitalmente alimenta la ansiedad social, la baja autoestima y la depresión, especialmente en jóvenes. Plataformas como Instagram o TikTok, con algoritmos que priorizan contenido polarizante, magnifican la sensación de exclusión o inadecuación. Además, fenómenos como el *FOMO* ("miedo a perderse algo") o la **adicción a las notificaciones** crean un estado de alerta permanente, agotando los recursos mentales.

Pero quizás el daño más insidioso es la **despersonalización de las interacciones**. La comunicación digital, aunque instantánea, carece de matices emocionales: un mensaje de texto no transmite tonos de voz, expresiones faciales o contacto físico. Esta frialdad favorece malentendidos, aislamiento y una sensación de vacío, incluso en medio de cientos de "amigos" virtuales.

La espiral digital-física: cuando lo virtual amplifica lo real

Riesgos

▸ Ciberacoso: el depredador en tu bolsillo

- El 46% de los adolescentes españoles ha sufrido ciberacoso (Informe Save the Children, 2023).
- El 70% de las víctimas desarrolla ansiedad o depresión.

Casos reales:

- *Caso Amanda Todd*: una joven canadiense se suicidó tras años de extorsión con fotos íntimas.
- En España, el 18% de los casos de acoso escolar se trasladan a redes como TikTok o Instagram.

Protección:

- Bloqueo y denuncia: en todas las plataformas, usa Bloquear usuario y Reportar contenido.
- Evidencia legal: haz capturas y guarda registros (la Ley Orgánica 3/2018 protege a menores).
- Apoyo psicológico: líneas como el 017 (INCIBE) ofrecen asistencia gratuita.

Figura 4.1. Imagen referencial del Ciberacoso en los jóvenes

▶ Sexting y Grooming: cuando la confianza se convierte en trampa

Definiciones:

- Sexting: envío de contenido íntimo por mensaje.
- Grooming: adultos que se hacen pasar por menores para obtener material sexual.

Datos alarmantes:

- El 30% de los jóvenes entre 14 y 17 años ha practicado sexting (Estudio EU Kids Online, 2022).

- El grooming aumentó un 60% en España tras la pandemia (Fundación ANAR).

Medidas preventivas:

Herramientas:

- *Google Foto Safe*: detecta y alerta si subes imágenes íntimas a la nube.
- *Net Nanny*: filtra mensajes con contenido sexual explícito.

Educación:

- Enseña a menores a usar *emojis codificados* (ej: 🍍 = "Estoy en peligro") para pedir ayuda discreta.

▶ Adicción a redes sociales:

Síntomas:

- *Síndrome FOMO (miedo a perderse algo): revisar el móvil cada 5 minutos.*

- *Nomofobia: ansiedad al no tener el dispositivo cerca.*

Impacto cerebral:

- *Estudios de la Universidad de Harvard muestran que el scroll infinito activa los mismos circuitos neuronales que las apuestas.*

Desintoxicación digital:

- *Técnica Pomodoro invertida: 25 minutos sin pantallas, 5 de uso.*
- *Apps de bloqueo: Freedom o StayFocusd para limitar tiempo en redes.*

⊮ Síndrome de la vista cansada y otros daños físicos

Causas:

- *Luz azul de pantallas (suprime la melatonina, afectando el sueño).*
- *Posturas incorrectas (cuello de texto, tendinitis por teclado).*

Soluciones:

- Regla 20-20-20: cada 20 minutos, mira algo a 6 metros por 20 segundos.

- Gafas con filtro blue light: marcas como Gunnar o Xiaomi.

Figura 4.2. Imagen referencial de la adición a las redes sociales

4.3 ADICCIÓN A LA TECNOLOGÍA

Cuando el mundo en la pantalla secuestra el mundo real

La tecnología prometió liberarnos, pero en su lugar, ha tejido una red invisible que nos atrapa. En 2023, el 47% de los adultos jóvenes confiesa sentir ansiedad al estar sin su teléfono (estudio de Common Sense Media), y el usuario promedio desbloquea su dispositivo 96 veces al día, según Asurion.

Estos no son simples datos: son síntomas de una epidemia silenciosa que redefine lo que significa ser humano. La adicción a la tecnología no es un capricho generacional ni un fallo de voluntad; es el resultado de un diseño intencional, donde cada notificación, like o scroll infinito explota los circuitos de recompensa de nuestro cerebro, convirtiendo herramientas en cadenas.

La adicción digital no surge por accidente. Plataformas como TikTok, Instagram o YouTube emplean algoritmos basados en *machine learning* que estudian nuestros patrones cerebrales. Según un informe interno filtrado de Meta, **el 60% de los usuarios de Instagram sienten urgencia por revisar la app tras recibir una notificación**, un reflejo condicionado similar al de los experimentos de Pavlov. Esto ocurre porque cada interacción –un mensaje, un "me gusta"– libera dopamina, el neurotransmisor del placer. Sin embargo, a diferencia de las recompensas naturales (como comer o socializar), la tecnología ofrece estímulos inmediatos y sin esfuerzo, creando un ciclo de dependencia.

El neurocientífico Dr. Adam Alter, de la Universidad de Nueva York, lo resume así: *"Las apps son máquinas tragaperras en miniatura. No sabemos cuándo llegará la próxima recompensa, y esa incertidumbre nos mantiene enganchados"*. Este fenómeno, conocido como **refuerzo intermitente**, es el mismo que sostiene los juegos de azar. La diferencia es que, en lugar de apostar dinero, apostamos horas de vida.

Conexiones vacías y comunidades rotas

La paradoja de la hiperconectividad es que nos aísla. El **55% de los adolescentes prefiere comunicarse por mensaje que cara a cara** (informe *Pew Research Center*), y el *FOMO* ("miedo a perderse algo") impulsa a los usuarios a revisar sus redes incluso en eventos sociales, funerales o citas románticas. Esta obsesión por lo virtual erosiona la empatía: un experimento de la *Universidad de California* demostró que, tras 10 minutos de uso de redes sociales, la capacidad de reconocer emociones ajenas disminuye un **15%**.

Las relaciones también se monetizan. Apps de citas como Tinder o Bumble, diseñadas para priorizar engagement sobre conexiones genuinas, convierten el amor en un juego de swipe (deslizar), donde las personas son reducidas a perfiles descartables. Mientras, plataformas laborales como Slack o Teams borran los límites entre trabajo y vida privada, normalizando el *"presentismo digital"*: estar siempre disponible, pero nunca presente.

Riesgos

▶ **Fatiga digital: el agotamiento de estar siempre "Conectado"**

Síntomas:

- Cansancio crónico, irritabilidad, dificultad para concentrarte.
- Zoom fatigue: agotamiento específico por videollamadas (el 49% de los españoles la sufren, según estudio de Stanford).

Herramientas:

▶ **Jornadas laborales digitales saludables**:

- Reuniones de máximo 45 minutos.
- Días sin cámaras encendidas.

Técnicas de mindfulness: Apps como *Headspace* ofrecen meditaciones para desconectar.

Figura 4.3. Imagen referencial la aplicación para dispositivos móviles "Headspace". Disponible en Google Play y App Store

▌ **Pérdida de privacidad: cuando tus datos son moneda de cambio**

- **Ejemplos**:
  - Smart TVs que escuchan conversaciones para mostrar anuncios.
  - Apps de fitness que venden datos de salud a aseguradoras.

- **Protección**:
  Auditoría de permisos: revisa qué accesos tienen tus apps (ubicación, micrófono).

- **Alternativas éticas**:
  - Signal en lugar de WhatsApp.
  - ProtonMail en lugar de Gmail.

▌ **Discriminación algorítmica: el prejuicio automatizado**

- **Casos**:
  - IA de contratación que penaliza a mujeres o minorías (ej: Amazon desechó un sistema en 2018 por sexismo).
  - Redlining digital: anuncios de empleo que solo ven ciertos grupos.

- **Acciones**:
  Denuncia: la Ley de IA de la UE permite reclamar si un algoritmo te discrimina.

- **Herramientas**:
  AlgorithmWatch: analiza sesgos en plataformas:

Figura 4.4. Identidad grafica de AlgorithmWatch. Fuente: https://algorithmwatch.org/ "AlgorithmWatch es una organización no gubernamental sin fines de lucro con sede en Berlín y Zúrich. Luchamos por un mundo donde los algoritmos y la Inteligencia Artificial (IA) no debiliten la justicia, los derechos humanos, la democracia y la sostenibilidad, sino que los fortalezcan".–algorithmwatch

▼ **Violencia de género digital: control en la era 2.0**

- **Formas**:
  - Stalkerware: Apps espía instaladas en el móvil de la víctima (ej: mSpy).
  - Sextorsión: amenazar con difundir contenido íntimo.

Figura 4.5. Identidad grafica de MSpy. Fuente: https://www.mspy.com/

- **Recursos en España**:
  - Teléfono 016: asesora sobre violencia digital.
  - App Libres: borra rastros de búsquedas sobre violencia de género.

4.4 IMPACTO AMBIENTAL DE LA TECNOLOGÍA

La tecnología, motor de la modernidad, ha transformado la vida humana con una velocidad y alcance sin precedentes. Sin embargo, detrás de cada avance –desde smartphones hasta inteligencia artificial– se esconde una paradoja incómoda: **la revolución digital está consumiendo el planeta que prometió mejorar**. Mientras celebramos la eficiencia de las ciudades inteligentes o el potencial de las energías renovables, ignoramos que la industria tecnológica es responsable del **4% de las emisiones globales de CO_2**, una cifra que duplica la huella de la aviación comercial y crece un 9% anual (Global Carbon Project, 2023).

Esta sección no busca demonizar la innovación, sino exponer cómo nuestro consumo digital, aparentemente intangible, deja cicatrices profundas en los ecosistemas, desde las profundidades marinas hasta la atmósfera.

Cuando imaginamos la tecnología, visualizamos dispositivos elegantes y apps veloces, pero rara vez pensamos en los **centros de datos**, gigantescos almacenes llenos de servidores que consumen el 1% de la electricidad global (IEA, 2023). Estos centros, necesarios para almacenar correos, vídeos en streaming o transacciones blockchain, operan las 24 horas y requieren enormes cantidades de energía, principalmente generada por combustibles fósiles. Por ejemplo, entrenar un modelo de inteligencia artificial como GPT-4 emite **284 toneladas de CO_2**, equivalente a las emisiones de 70 automóviles en un año (MIT Technology Review).

Cada año, el mundo genera **53 millones de toneladas de residuos electrónicos** (Global E-Waste Monitor, 2023), suficientes para cubrir Manhattan bajo un metro de desechos. Solo el 17% se recicla adecuadamente; el resto termina en vertederos de países como Ghana, Nigeria o India, donde niños y adultos queman cables para extraer metales, liberando toxinas como plomo, mercurio y cadmio que envenenan suelos, ríos y comunidades. Un smartphone contiene hasta **60 elementos químicos**, muchos extraídos mediante minería destructiva en Congo o Bolivia, donde la explotación laboral y la deforestación son moneda corriente.

La **obsolescencia programada** agrava el problema. Fabricantes como Apple o Samsung limitan la vida útil de sus dispositivos mediante actualizaciones que ralentizan equipos antiguos o baterías no reemplazables. El resultado: un ciclo de consumo compulsivo donde el usuario promedio renueva su teléfono cada 2 años, aunque el dispositivo siga funcional.

Factores y riesgos asociados al impacto ambiental de la tecnología, aunque con matices específicos.

Aquí se desglosa su clasificación:

▶ **Consumo energético: el coste oculto de la nube**

La minería de criptomonedas ejemplifica este derroche: Bitcoin consume más electricidad que países enteros como Filipinas o Chile, y una sola transacción equivale al gasto energético de un hogar estadounidense durante 40 días (Cambridge Bitcoin Electricity Consumption Index). Aunque empresas como Google o Microsoft prometen «neutralidad de carbono», estas metas suelen depender de compensaciones dudosas, como plantar árboles en zonas que ya están protegidas, en lugar de reducir emisiones reales.

- **Datos**:
  - Una búsqueda en Google emite 0.2 gramos de CO_2.
  - El Bitcoin consume más electricidad que Finlandia (Informe CCAF, 2023).

- **Soluciones**:
  - Buscadores ecológicos: Ecosia planta árboles por cada búsqueda.
  - Streaming consciente: bajar la calidad de Netflix de 4K a HD reduce un 75% la huella.

▶ **Contaminación digital: basura que no ves**

- **Componentes**:
  - Correos no leídos: 1 correo almacenado = 10 gramos de CO_2 al año.
  - Dispositivos obsoletos: España genera 20 kg de e-waste por persona al año.

- **Acciones**:
  - Limpieza digital: usa Cleanfox para borrar correos antiguos.
  - Reciclaje: puntos limpios para electrónicos (ej: Recyclia en España).

▶ **Impacto social: la brecha que amplía la red**

- **Desigualdades**:
  - Analfabetismo digital: el 32% de los mayores de 65 años en España no usa internet.
  - Dependencia tecnológica: comunidades que pierden tradiciones por la globalización digital.

- **Iniciativas**:
  - Cibervoluntarios: ONG que enseña habilidades digitales a mayores.
  - Software local: apoya apps en lenguas minoritarias (ej: Softcatalà para el catalán).

Hacia una tecnología regenerativa: un cambio de paradigma

La verdadera sostenibilidad tecnológica exige romper con el modelo de «extraer, producir, desechar». Algunas alternativas emergentes incluyen:

- **Economía circular:** diseñar dispositivos modulares, reparables y actualizables, como el Fairphone.

- **Energías renovables reales:** priorizar parques solares y eólicos con estudios de impacto ambiental rigurosos.

- **Legislación audaz:** prohibir la obsolescencia programada (como hace Francia desde 2021) y penalizar la minería ilegal.

- **Consumo consciente:** reducir la dependencia de dispositivos nuevos y optar por segunda mano o reacondicionados.

La tecnología no es enemiga del planeta, pero su desarrollo actual es insostenible. Para evitar que el futuro digital sea un planeta muerto, debemos exigir innovación que respete los límites ecológicos y priorice la justicia ambiental. Como usuarios, nuestra elección más poderosa es simple: consumir menos, exigir más.

4.5 CONSUMO RESPONSABLE DE LA TECNOLOGÍA

En un mundo donde la tecnología se renueva cada seis meses y las pantallas gobiernan desde el amanecer hasta el ocaso, el consumo responsable emerge como un acto de rebeldía. No se trata de rechazar la innovación, sino de cuestionar el modelo de "usar y tirar" que agota recursos, explota comunidades y satura el planeta de desechos tóxicos. La paradoja es clara: mientras el 84% de la población mundial posee un smartphone (Statista, 2023), menos del 20% sabe que su fabricación implica la extracción de minerales en zonas de conflicto o que un solo dispositivo contiene 62 tipos de metales, muchos irrecuperables tras su descarte.

Esta sección no es una condena al progreso, sino una invitación a usar la tecnología con los ojos abiertos: como herramienta de empoderamiento, no de autodestrucción.

La tecnología parece intangible, pero su huella es profundamente material. Para producir un teléfono inteligente se requieren **34 kg de minerales**, 12,760 litros de agua y un viaje de 400,000 km en la cadena de suministro (Friends of the Earth).

Estos números, invisibles en el brillo de las tiendas, esconden dramas humanos y ambientales: niños minando cobalto en Congo por \$2 diarios, ríos en Bolivia envenenados por litio, o bosques en Indonesia arrasados por el estaño.

El **consumo responsable** empieza por reconocer que cada clic de compra es un voto. Optar por marcas como Fairphone –que priorizan materiales éticos y dispositivos reparables– o exigir transparencia a gigantes como Apple o Samsung, son gestos políticos. No se trata de perfección, sino de romper la inercia de un sistema que sacrifica vidas por ganancias.

A continuación se detallan acciones propositivas para mitigar riesgos asociados al uso adictivo o inconsciente de dispositivos digitales:

- **Gestión del tiempo en línea**
  - **Técnicas**:
    - *Timeboxing*: asigna horarios fijos para redes sociales.
    - *Domingos digitales*: un día a la semana sin pantallas.
  - **Herramientas**:
    - *Screen Time* (iOS) o *Digital Wellbeing* (Android) para establecer límites.
- **Uso responsable de redes sociales**
  - **Guía para padres**:
    - Contratos familiares sobre horarios de uso.
    - Control parental con *Qustodio* o *Family Link*.

Figura 4.6. Imagen referencial del sitio web de Family Link
Fuente: https://families.google/intl/es/familylink/

▼ **Para adultos**:

- Desactivar notificaciones entre 22:00 y 08:00.
- Usar *Shut Up* para bloquear palabras tóxicas en Twitter.

▼ **Elección de dispositivos y Apps sostenibles**

- **Certificaciones clave**:
  - Energy Star: eficiencia energética.
  - TCO Certified: responsabilidad social y ambiental.

- **Marcas recomendadas**:
  - Fairphone (móviles modulares y éticos).
  - Framework (portátiles reparables).

- **Reclamar el control en un mundo conectado**
  - La tecnología debe servirnos, no esclavizarnos. Al aplicar estas estrategias, protegerás no solo tus datos, sino tu salud mental, tu dignidad y el planeta.

- **Checklist final**:
  - Realizar una auditoría de permisos en 5 apps.
  - Programar un "Día sin pantallas" este mes.
  - Reciclar un dispositivo electrónico viejo.
  - Hablar con un familiar sobre riesgos de grooming.

Frase para recordar:

En la era digital, tu bienestar no es un ajuste de configuración:
es una revolución cotidiana.

PALABRAS FINALES

La ciberseguridad y el hacking son temas de gran importancia en la actualidad, y es fundamental para proteger nuestros equipos y datos de posibles amenazas. En este libro, he explorado diferentes aspectos de la seguridad informática, desde la importancia de tener contraseñas seguras hasta la configuración de firewalls y la detección de malware.

Como dijo el famoso hacker y científico experto en seguridad Dan Kaminsky: "La seguridad es un proceso, no un producto". Esto significa que la ciberseguridad no es algo que se pueda lograr simplemente instalando un software o configurando un firewall. En cambio, es un proceso continuo que requiere atención constante y actualizaciones periódicas.

La seguridad de la información no es solo responsabilidad de los expertos en seguridad, sino de todos los usuarios de equipos informáticos. Cada uno de nosotros tiene un papel que desempeñar en la protección de nuestros equipos y datos, desde la elección de contraseñas seguras hasta la identificación de posibles amenazas.

Recuerda que la ciberseguridad y el hacking son temas importantes y en constante evolución, y siempre hay algo nuevo que aprender. ¡Sigue formándote y conviértete en un usuario más seguro y consciente de la seguridad informática!

¡Hasta la próxima publicación, mis apreciados hackers de la tecnología!

APÉNDICE

APÉNDICE A: COMANDOS DE SISTEMAS OPERATIVOS

A.1. Comandos de Windows

Comando	Descripción
A	
assoc	Muestra o modifica asociaciones de extensiones de archivos.
attrib	Cambia atributos de archivos (oculto, solo lectura, etc.).
arp	Muestra o modifica la tabla ARP (resolución de direcciones IP a MAC).
B	
bcdedit	Edita la configuración de arranque de Windows (Boot Configuration Data).
bitsadmin	Herramienta para gestionar transferencias de fondo con BITS (Background Intelligent Transfer Service).
C	
chkdsk	Verifica y repara errores en un disco.
copy	Copia archivos de una ubicación a otra.
cls	Limpia la pantalla de la consola.
cipher	Muestra o cifra archivos en carpetas NTFS.
cd	Cambio de directorio.
D	
del	Elimina archivos.
diskpart	Herramienta avanzada de gestión de discos y particiones.

dir	Lista archivos y directorios en la ubicación actual.
driverquery	Muestra lista de controladores instalados.
E	
echo	Muestra mensajes o habilita/deshabilita eco de comandos.
exit	Cierra la consola o un script por lotes.
explorer	Abre el Explorador de Archivos en una ruta específica.
F	
fc	Compara dos archivos y muestra las diferencias.
find	Busca texto dentro de archivos.
forfiles	Ejecuta comandos en archivos que cumplen ciertos criterios.
G	
gpupdate	Actualiza políticas de grupo (Group Policy).
getmac	Muestra la dirección MAC de las interfaces de red.
H	
help	Muestra ayuda sobre comandos (ejemplo: help robocopy).
hostname	Muestra el nombre del equipo.
I	
ipconfig /all	Muestra y gestiona configuraciones de red (IP, DNS, etc.).
icacls	Administra permisos de acceso a archivos y carpetas.
M	
mklink	Crea enlaces simbólicos o enlaces duros.
msinfo32	Abre la herramienta de información del sistema.
N	
net	Suite de comandos para gestionar recursos de red (usuarios, servicios, etc.).
netstat	Muestra conexiones de red, puertos abiertos y estadísticas.
nslookup	Consulta registros DNS para resolver nombres de dominio.
P	
ping	Verifica conectividad con una dirección IP o dominio.
powershell	Ejecuta comandos de PowerShell desde CMD.
pathping	Combina funciones de ping y tracert para diagnóstico de red.
R	
robocopy	Herramienta avanzada para copiar archivos y directorios con opciones detalladas.
reg	Edita el registro de Windows desde la línea de comandos.
rd	Elimina directorios.

S	
shutdown	Apaga, reinicia o hiberna el equipo.
schtasks	Programa tareas para ejecutarse automáticamente.
sfc	Escanea y repara archivos de sistema corruptos.
systeminfo	Muestra información detallada del sistema.
T	
tasklist	Lista procesos en ejecución.
taskkill	Finaliza procesos por ID o nombre.
tracert	Rastrea la ruta de paquetes hacia un destino en la red.
W	
wmic	Herramienta avanzada para consultar información del sistema y administrar componentes.
where	Localiza archivos en rutas especificadas.
X	
xcopy	Copia archivos y directorios con estructura jerárquica.

A.2. Comandos de Linux

Comando	Descripción
A	
apropos	Sirve para buscar entre las páginas del manual y las descripciones
apt-get	Buscar e instalar paquetes de software (Debian).
aptitud	Buscar e instalar paquetes de software (Debian).
aspell	Corrector ortográfico.
awk	Buscar y reemplazar texto.
B	
basename	Listar directorio y el sufijo de nombres de archivo.
bash	GNU Bourne-Again Shell.
bc	Precisión arbitraria idioma calculadora.
bg	Enviar a fondo.
break	Salida de un bucle.
builtin	Ejecutar una orden interna del shell.
bzip2	Comprimir o descomprimir archivos.

C	
cal	Mostrar un calendario.
case	Ejecutar un comando condicionalmente.
cat	Concatenar e imprimir (display) el contenido de los archivos.
cd	Cambio de directorio.
cfdisk	Administra de la tabla de particiones para Linux.
chgrp	Cambia la propiedad grupo.
chmod	Cambiar los permisos de acceso.
chown	Cambia el propietario del archivo y el grupo.
chroot	Ejecutar un comando con un directorio raíz diferente.
chkconfig	Los servicios del sistema (nivel de ejecución).
cksum	Imprimir CRC checksum y bytes recuentos.
clear	Borrar la pantalla.
cmp	Compara dos archivos.
comm	Comparación de dos archivos ordenados por líneas.
command	Ejecutar un comando–haciendo caso omiso de las funciones de shell.
continue	Reanudar la siguiente iteración de un bucle.
cp	Copiar archivos.
cron	Ejecuta comandos programados.
crontab	Programar un comando para ejecutar en un momento posterior.
csplit	Dividir un archivo en trozos de contexto determinado.
cut	Dividir un archivo en varias partes.
D	
date	Visualizar o cambiar la hora y fecha.
dc	Calculadora de escritorio.
dd	Convertir y copiar un archivo, escribir cabeceras de disco, los registros de arranque.
ddrescue	Herramienta de recuperación de datos.
declare	Declarar variables y darles atributos.
df	Muestra el espacio libre en disco.
diff	Muestra las diferencias entre dos archivos.
diff3	Muestra diferencias entre los tres archivos.
dig	Búsqueda de DNS.
dir	Lista el resumen del contenido del directorio.
dircolors	Configuración de color.
dirname	Convertir una ruta completa a sólo una ruta.
dirs	Mostrar la lista de directorios recordadas.

dmesg	Imprime mensajes del Kernel y de los controladores.
du	Estimar el uso del espacio de archivos.
E	
echo	Mostrar Mensaje en la pantalla.
egrep	Búsqueda de archivos (s) para las líneas que coincidan con una expresión extendida.
eject	Expulsar medios extraíbles.
enable	Activar y desactivar los comandos de shell.
env	Las variables de entorno.
ethtool	Configuración de la tarjeta Ethernet.
eval	Evaluar varios comandos / argumentos.
exec	Ejecuta un comando.
exit	Salir de la shell.
expect	Automatizar aplicaciones arbitrarias accedidas a través de un terminal.
expand	Convierte pestañas a espacios.
export	Establecer una variable de entorno.
expr	Evaluar expresiones.
F	
false	No hacer nada.
fdformat	Formato de bajo nivel de un disquete.
fdisk	Administrar la tabla partición para Linux.
fg	Enviar trabajo a primer plano.
fgrep	Búsqueda de archivos para las que líneas coincidan con una cadena fija.
file	Determinar tipo de archivo.
find	Búsqueda de archivos que cumplen unos criterios deseados.
fmt	Cambiar el formato de texto de párrafo.
fold	Ajustar texto para adaptarse a un ancho especificado.
for	Ampliar las palabras y ejecutar comandos.
format	Formatear discos.
free	Uso de la memoria.
fsck	Comprobación y reparación de archivos del sistema.
ftp	Protocolo de trasferencia de archivos.
function	Definir macros de función.
fuser	Identificar/eliminar el proceso que está accediendo a un archivo.
G	
gawk	Buscar y reemplazar texto dentro del archivo.
getopts	Analizar parámetros posicionales.

grep	Búsqueda de archivos que coincidan con las líneas de un patrón dado.
groupadd	Añadir un grupo de seguridad de usuario.
groupdel	Eliminar un grupo.
groupmod	Modificar un grupo.
groups	Imprimir nombres de grupo.
gzip	Imprimir o descomprimir archivo con el nombre del archivo.
H	
hash	Recuerda la ruta completa de un argumento de nombre.
head	Salida de la primera parte del archivo.
help	Muestra la ayuda para un comando.
history	Historial de comandos.
hostname	Imprimir el nombre del sistema.
I	
iconv	Convertir un conjunto de caracteres de un archivo.
id	Imprimir identificadores de usuario y de grupo.
if	Mostrar condicionalmente un comando.
ifdown	Detener una interfaz de red.
ifup	Iniciar una interfaz de red.
import	Captura de una pantalla de un servidor X y guardar la imagen en un archivo.
install	Copia de archivos y establecer atributos.
ip a	Configurar una interfaz de red.
J	
jobs	Enumerar los trabajos activos.
join	Une líneas en un campo común.
K	
kill	Detener un proceso que se ejecuta.
killall	Matar procesos por nombre.
L	
less	Muestra la salida de la pantalla de una sola vez.
let	Realizar operaciones aritméticas sobre variables de shell.
ln	Crea un enlace simbólico a un archivo.
local	Crear las variables.
locate	Encontrar los archivos.
logname	Muestra el nombre sesión actual.
logout	Salir de un shell.
look	Mostrar líneas que comienzan con una cadena dada.

lpc	Programa de control de la impresora.
lpr	Línea de impresión.
lprint	Imprimir un archivo.
lprintd	Abortar un trabajo de impresión.
lprintq	Escribir la cola de impresión.
lprm	Eliminar trabajos de la cola de impresión.
ls	Lista información sobre archivos.
lsof	Lista de archivos abiertos.
M	
make	Vuelve a compilar un grupo de programas.
man	Manual de ayuda.
mkdir	Crear nueva carpeta.
mkfifo	Crear FIFO.
mkisofs	Crear un Sistema de archivos híbridos ISO9660/JOLIET/HFS.
mknod	Hacer de caracteres o bloques archivos especiales.
more	La salida de visualización de una pantalla a la vez.
mount	Montar un sistema de archivos.
mtools	Manipular archivos de MS-DOS.
mtr	Diagnóstico de la red (traceroute / ping).
mv	Mover o cambiar el nombre de archivos o directorios.
mmv	Mover y renombrar (archivos).
N	
netstat	Información de redes.
nice	Establecer la prioridad de un comando o tarea.
nl	Número de líneas escritas en un archivo.
nohup	Ejecutar un comando inmune a bloqueos.
notify-send	Enviar notificaciones de escritorio.
nslookup	Consultas a los servidores de nombres de dominio de forma interactiva.
O	
open	Abrir un archivo en su aplicación por defecto.
op	Acceso del operador.
P	
passwd	Modificar una contraseña de usuario.
paste	Fusionar líneas de archivos.
pathchk	Comprobar la portabilidad nombre del archivo.
ping	Prueba de una conexión de red.
pkill	Detener los procesos que se están ejecutando.

popd	Restaura el valor anterior del directorio actual.
pr	Preparar archivos para impresión.
printcap	Base de datos de la capacidad de la impresora.
printenv	Variables de entorno de impresión.
printf	Formato y datos de impresión.
ps	Estado de proceso.
pushd	Guardar y luego cambie el directorio actual.
pwd	Imprimir directorio de trabajo.
Q	
quota	Visualizar el uso del disco y los límites.
quotacheck	Escanear un sistema de archivos para el uso del disco.
quotactl	Cuotas conjunto de discos.
R	
ram	Memoria ram del dispositivo.
rcp	Copiar archivos entre dos máquinas.
read	Leer una línea de la entrada estándar.
readarray	Leer de la entrada estándar en una variable de matriz.
readonly	Marcar variables y funciones como solo de lectura.
reboot	Reiniciar el sistema.
rename	Cambiar el nombre de archivos.
renice	Modificar la prioridad de los procesos en ejecución.
remsync	Sincronizar archivos remotos vía e-mail.
return	Salir de una función de shell.
rev	Líneas inversas de un archivo.
rm	Eliminar archivos.
rmdir	Eliminar carpetas.
rsync	Copia de archivos remotos (Sincronizar árboles de archivos).
S	
screen	Terminal de multiple, ejecuta shell remota mediante SSH.
scp	Copia de seguridad (copia de archivos remoto).
sdiff	Combinar dos archivos de forma interactiva.
sed	Editor sencillo.
select	Aceptar la entrada de teclado.
seq	Imprimir secuencias numéricas.
set	Manipular las variables y funciones de shell.
sftp	Programa de transferencia de archivos seguro.
shift	Shift parámetros posicionales.

shopt	Opciones de Shell.
shutdown	Apagar o reiniciar Linux.
sleep	Retraso por un tiempo determinado.
slocate	Encuentra archivos.
sort	Ordenar archivos de texto.
source	Ejecutar comandos desde un archivo.
split	Dividir un archivo en fragmentos de tamaño fijo.
ssh	Secure Shell client (programa de acceso remoto).
strace	Llamadas al sistema de seguimiento y señales.
su	La identidad del usuario sustituto.
sudo	Ejecutar un comando como otro usuario.
sum	Imprime una suma de comprobación de un archivo.
suspend	Suspender la ejecución de la Shell.
symlink	Hacer un nuevo nombre para un archivo.
sync	Sincronizar datos en el disco con la memoria.
T	
tail	Salida de la última parte del archivo.
tar	Archivador en cinta.
tee	Redirigir la salida a varios archivos.
test	Evaluar una expresión condicional.
time	Medir programa de tiempo de ejecución.
times	Tiempos de usuario y del sistema.
touch	Marcas de hora de modificación del archivo.
top	Lista los procesos que se están ejecutando en el sistema.
traceroute	Trace Route del Host.
trap	Ejecutar un comando cuando se establece una señal (bourne).
tr	Traducir y/o eliminar caracteres.
true	No hacer nada, con éxito.
tsort	Clasificación topológica.
tty	Imprimir nombre de archivo de la terminal en la entrada estándar.
type	Describe un comando.
U	
ulimit	Límites de recursos de usuario.
umask	Archivo usuarios máscara de creación.
umount	Desmontar un dispositivo.
unalias	Quitar un alias.
uname	Imprimir la información del sistema.

unexpand	Convertir espacios para pestañas.
uniq	Permite remover o mostrar las líneas repetidas de un archivo.
units	Convertir unidades de una escala a otra.
unset	Quitar nombres de variables o funciones.
unshar	Secuencias de comandos shell de desempaquetado de archivos.
until	Ejecutar comandos (hasta error).
uptime	Mostrar el tiempo de actividad.
useradd	Crear nueva cuenta de usuario.
usermod	Modificar cuenta de usuario.
users	Lista de usuarios logueados.
uuencode	Codificar un archivo binario.
uudecode	Decodificar un archivo creado por uuencode.
V	
v	Lista el contenido del directorio más detallados (`ls -l -b `).
vdir	Lista más detallada del contenido del directorio (`ls -l -b `).
vi	Editor de texto.
vmstat	Informe de estadísticas de memoria virtual.
W	
wait	Esperar a que un proceso se complete.
watch	Ejecutar / visualizar un programa periódicamente.
wc	Imprimir byte, palabra y los recuentos de línea.
whereis	Busca ruta del usuario, páginas del manual y archivos de código fuente de un programa.
which	Busca la ruta del usuario para un archivo de programa.
while	Ejecutar comandos.
who	Imprimir todos los nombres de usuario actualmente logueados.
whoami	Imprimir el ID de usuario actual y el nombre.
wget	Recuperar páginas web o archivos a través de HTTP, HTTPS o FT.
write	Enviar un mensaje a otro usuario.
X	
xargs	Ejecutar utilidad, pasando lista de argumentos construidos.
xdg-open	Abrir un archivo o URL en aplicación preferida del usuario.
Y	
Yes	Imprimir una cadena hasta que se interrumpa.

A.3. Comandos de MacOS

Comando	Descripción
A	
apropos	Buscar en las páginas del manual por palabras clave.
awk	Herramienta para procesar y analizar texto (buscar, filtrar, transformar).
aspell	Corrector ortográfico (requiere instalación, no nativo en macOS).
B	
basename	Extraer el nombre de un archivo de una ruta.
bash	Shell de Bash (macOS usa zsh por defecto desde Catalina).
bg	Reanudar un trabajo en segundo plano.
brew	Gestor de paquetes **Homebrew** (instalación externa recomendada).
C	
cal	Mostrar un calendario en la terminal.
cat	Mostrar el contenido de un archivo.
cd	Cambiar de directorio.
chmod	Modificar permisos de archivos/directorios.
cp	Copiar archivos o directorios.
curl	Transferir datos desde/hacia un servidor (HTTP, FTP, etc.).
cal	Mostrar un calendario en la terminal.
D	
date	Mostrar o configurar la fecha y hora del sistema.
defaults	Gestionar preferencias de aplicaciones macOS (plist).
df	Mostrar espacio libre en discos.
diff	Comparar diferencias entre dos archivos.
dig	Realizar consultas DNS.
diskutil	Herramienta avanzada para gestionar discos y particiones.
du	Calcular el uso de espacio de archivos/directorios.
E	
echo	Imprimir texto en la terminal.
exit	Salir de la terminal o sesión actual.
F	
find	Buscar archivos/directorios según criterios.
fg	Traer un trabajo al primer plano.
G	
grep	Buscar patrones de texto en archivos.
git	Sistema de control de versiones (requiere instalación).

H	
head	Mostrar las primeras líneas de un archivo.
history	Mostrar el historial de comandos ejecutados.
I	
ifconfig	Configurar o mostrar interfaces de red.
install	Copiar archivos y establecer permisos.
K	
kill	Terminar un proceso por ID.
killall	Terminar procesos por nombre.
L	
less	Visualizar archivos paginados.
ln	Crear enlaces simbólicos o duros.
ls	Listar archivos/directorios.
M	
man	Mostrar el manual de un comando.
mkdir	Crear directorios.
N	
nano	Editor de texto básico en terminal.
netstat	Mostrar estadísticas de red y conexiones.
nslookup	Realizar consultas DNS (similar a dig).
O	
open	Abrir un archivo o directorio con la aplicación predeterminada (ej: open . abre el Finder).
P	
passwd	Cambiar la contraseña del usuario.
ping	Verificar conectividad con una dirección IP o dominio.
ps	Listar procesos en ejecución.
pwd	Mostrar el directorio actual.
R	
rm	Eliminar archivos.
rmdir	Eliminar directorios vacíos.
rsync	Sincronizar archivos/directorios (local o remoto).
S	
sed	Editor de flujo de texto (buscar/reemplazar).
shutdown	Apagar o reiniciar el sistema (ej: shutdown -h now).
ssh	Secure Shell client (programa de acceso remoto).
sudo	Ejecutar un comando como otro usuario.

T	
tail	Mostrar las últimas líneas de un archivo.
tar	Comprimir/descomprimir archivos (ej: .tar.gz).
top	Monitorizar procesos y uso de recursos en tiempo real.
touch	Crear un archivo vacío o actualizar su marca de tiempo.
traceroute	Rastrear la ruta de paquetes hacia un destino.
V	
vi / vim	Editor de texto avanzado (requiere instalación en algunos casos).
W	
wc	Contar líneas, palabras o bytes en un archivo.
which	Mostrar la ruta completa de un ejecutable.
whoami	Mostrar el usuario actual.
X	
xcode-select	Gestionar herramientas de línea de comandos de Xcode (necesario para compilar).
Z	
zsh	Shell predeterminado en macOS desde Catalina.

APÉNDICE B: COMANDOS DE NMAP

B.1. Comandos básicos

Comandos	Descripción
nmap <IP>	Escaneo básico de los 1000 puertos más comunes.
nmap -p 80,443 <IP>	Escanear puertos específicos (ej: HTTP y HTTPS).
nmap -F <IP>	Escaneo rápido (solo 100 puertos comunes).
nmap -sV <IP>	Detectar versiones de servicios en puertos abiertos.
nmap -O <IP>	Detectar sistema operativo del objetivo.
nmap -A <IP>	Escaneo agresivo (combina detección de OS, versiones y scripts básicos).

B.2. Comandos intermedios

Comandos	Descripción
nmap -sS <IP>	Escaneo **SYN** (sigiloso, no completa la conexión TCP).
nmap -sU <IP>	Escaneo **UDP** (puertos como DNS, SNMP, etc.).
nmap -T4 <IP>	Aumentar velocidad de escaneo (nivel 4 de 5).
nmap --top-ports 50 <IP>	Escanear los 50 puertos más comunes.
nmap -Pn <IP>	Saltar detección de host (asume que está activo).
nmap --script safe <IP>	Ejecutar scripts NSE no intrusivos (ej: http-title, ssl-cert).

B.3. Comandos avanzados

Comandos	Descripción
nmap -f -D RND:5 <IP>	Fragmentar paquetes y usar **IPs falsas** (evasión de firewall).
nmap --script vuln <IP>	Buscar vulnerabilidades conocidas (ej: smb-vuln-ms17-010).
nmap -sI <Zombie-IP> <Target-IP>	Escaneo **idle** (usando una máquina "zombie" como intermediaria).
nmap --script http-sql-injection <IP>	Detectar inyecciones SQL en servicios web.
nmap --script-args http.useragent="Mozilla" <IP>	Personalizar argumentos de scripts (ej: cambiar User-Agent).
nmap -oX report.xml <IP>	Exportar resultados en formato **XML** (para herramientas como Metasploit).

B.4. Scripts NSE (Nmap Scripting Engine)

Comandos	Descripción
nmap --script dns-brute <IP>	Fuerza bruta en subdominios DNS.
nmap --script ssh-brute <IP>	Ataque de fuerza bruta a SSH.
nmap --script smb-os-discovery <IP>	Obtener información del sistema SMB (Windows).
nmap --script ssl-enum-ciphers <IP>	Listar cifrados SSL/TLS soportados.
nmap --script http-shellshock <IP>	Detectar vulnerabilidad **Shellshock** en servidores web.

B.5. Scripts NSEE (Nmap Scripting Engine Exploit)

Comandos	Descripción
nmap --script smb-vuln-ms17-010 <IP>	Detecta y explota **EternalBlue** (CVE-2017-0144) en sistemas Windows.
nmap --script ftp-proftpd-backdoor <IP>	Explota el backdoor en **ProFTPD** (ejecución remota de comandos).
nmap --script smb-vuln-cve2009-3103 <IP>	Explota desbordamiento de búfer en **SMBv2** (CVE-2009-3103).
nmap --script http-vuln-cve2017-5638 <IP>	Explota **Apache Struts CVE-2017-5638** (ejecución remota de código).
nmap --script smb-vuln-ms08-067 <IP>	Detecta y explota **Conficker** (CVE-2008-4250) en Windows.
nmap --script samba-vuln-cve-2012-1182 <IP>	Explota vulnerabilidad en **Samba 3.4.16** (CVE-2012-1182).
nmap --script http-vuln-cve2019-5418 <IP>	Explota **Ruby on Rails CVE-2019-5418** (exposición de archivos).
nmap --script ssh-run --script-args "ssh-run.cmd=whoami" <IP>	Ejecuta comandos remotos en servicios SSH vulnerables.

APÉNDICE C: COMANDOS TCPDUMP

Comandos	Descripción
tcpdump -i <interfaz>	Captura tráfico en una interfaz específica (ej: eth0, wlan0).
tcpdump -c <número>	Limita la captura a un número específico de paquetes (ej: -c 10).
tcpdump host <IP>	Filtra tráfico por dirección IP de origen o destino.
tcpdump port <puerto>	Captura tráfico de un puerto específico (ej: port 80 para HTTP).
tcpdump src <IP>	Filtra paquetes por dirección IP de origen.
tcpdump dst <IP>	Filtra paquetes por dirección IP de destino.
tcpdump -w <archivo.pcap>	Guarda la captura en un archivo para análisis posterior (formato PCAP).
tcpdump -r <archivo.pcap>	Lee y analiza un archivo de captura previamente guardado.
tcpdump -n	Desactiva la resolución DNS de direcciones IP (muestra solo números).
tcpdump -v	Modo verbose (muestra más detalles de los paquetes).

tcpdump -vv	Modo muy verbose (detalles extendidos).
tcpdump -X	Muestra el contenido de los paquetes en hexadecimal y ASCII.
tcpdump net <red>	Filtra tráfico por red (ej: net 192.168.1.0/24).
tcpdump icmp	Captura solo paquetes ICMP (útil para pruebas de ping).
tcpdump tcp	Filtra tráfico TCP (ej: conexiones HTTP, SSH, FTP).
tcpdump udp	Filtra tráfico UDP (ej: DNS, DHCP).
tcpdump 'port 80 and host 192.168.1.1'	Combina filtros (ej: captura tráfico HTTP de una IP específica).
tcpdump -s0	Captura paquetes completos (sin truncamiento).
tcpdump -A	Muestra el contenido de los paquetes en formato ASCII.

GLOSARIO DE TÉRMINOS

El siguiente glosario recopila los términos más importantes de seguridad informática, ordenados alfabéticamente. Las definiciones se han elaborado con un lenguaje claro y sencillo, para que sean accesibles a un público general.

A

▸ **Activo de información:** cualquier información o sistema relacionado con el tratamiento de la misma que tenga valor para la organización.

▸ **Adware:** Software que muestra anuncios publicitarios no deseados.

▸ **Antispyware:** un antispyware es un software de seguridad diseñado para detectar y proteger dispositivos y redes contra el spyware, un tipo de malware que se oculta para recopilar información personal y controlar la actividad en línea

▸ **Antivirus:** es un software diseñado para detectar, prevenir y eliminar virus y otros programas maliciosos de un sistema informático, como gusanos, troyanos, rootkits y ransomware.

▸ **Ataque Distribuido de Denegación de Servicio (DDoS):** es un tipo de ataque informático que consiste en sobrecargar un servidor o una red con tráfico malicioso, con el objetivo de impedir el acceso a los usuarios legítimos

▸ **Autenticación:** proceso de verificación de la identidad de un usuario o sistema.

▸ **Backup:** copia de seguridad de los datos informáticos.

▸ **Biometría:** identificación de una persona a través de sus características físicas o fisiológicas.

▸ **Cracking:** proceso de vulneración de la seguridad de un sistema informático.

B

▶ **Backdoor:** se refiere a una entrada o vulnerabilidad oculta o secreta en un sistema informático, red o software que permite el acceso no autorizado a un sistema, a menudo eludiendo las medidas de seguridad.

▶ **Brute force:** método de ataque que consiste en probar todas las posibles combinaciones de caracteres hasta encontrar la contraseña correcta.

▶ **Bug:** error o defecto en un programa informático.

▶ **Bot:** programa informático que se ejecuta de forma automática, sin intervención humana.

▶ **Botnet:** es una red de computadoras o dispositivos comprometidos que están controlados de forma remota por un pirata informático o un ciberdelincuente.

▶ **BYOD:** Bring Your Own Device. Política que permite a los empleados utilizar sus dispositivos personales en el trabajo.

C

▶ **CAPTCHA:** es un sistema utilizado por sitios web para distinguir y verificar de forma automatizada si un usuario es humano o un programa.

▶ **Catfishing:** se refiere al acto de crear una identidad falsa en línea para engañar a otros, a menudo con fines fraudulentos o engañosos.

▶ **Certificado de Seguridad (SSL):** actúa como un pasaporte digital, proporcionando una identificación a la web y protegiendo la comunicación con los navegadores mediante una conexión cifrada Secure Socket Layer).

▶ **Ciberataque:** acción deliberada que tiene como objetivo vulnerar la seguridad de un sistema informático.

▶ **Ciberdelincuencia:** delincuencia que se comete a través de Internet.

▶ **Ciberseguridad:** disciplina que se encarga de proteger la información y los sistemas informáticos de los ataques cibernéticos.

▶ **Cifrado:** es la práctica o proceso que convierte los datos de un formato legible a un formato codificado, es decir, transforma la información en un código para protegerla de accesos no autorizados.

▶ **Contraseña segura:** forma de autenticación basada en una cadena de caracteres alfanuméricos y, a veces, símbolos y caracteres especiales, que configura una clave secreta para proteger el acceso a cuentas, sistemas o recursos digitales.

▶ **Cloud computing:** computación en la nube. Modelo de servicio en el que los recursos informáticos se proporcionan a través de Internet.

▶ **Corrupción de datos:** alteración involuntaria o maliciosa de los datos informáticos.

▶ **Criptografía:** conjunto de técnicas que se utilizan para proteger la información mediante el cifrado.

▶ **Cryptojacking:** es un tipo de ciberdelito en el que se aprovecha de manera subrepticia la potencia de los ordenadores o dispositivos móviles de las víctimas para minar criptomonedas, como Monero, sin su consentimiento.

▶ **Criptomoneda:** moneda digital que utiliza la criptografía para garantizar su seguridad.

D

▶ **DoS:** ataque de denegación de servicio. Ataques que tienen como objetivo saturar un sistema informático con peticiones de forma que deje de funcionar.

▶ **Deepfake:** vídeo o audio manipulado para que parezca que una persona dice o hace algo que en realidad no ha dicho ni hecho.

▶ **Dispositivo IoT:** dispositivo conectado a Internet.

▶ **Drive-by download:** ataques que se realizan cuando un usuario visita una página web infectada.

▶ **Dropper:** es un tipo de software malicioso (malware) diseñado para instalar o "eliminar" otro malware en el sistema o dispositivo infectado.

▶ **Doxing:** también conocido como doxxing, es una forma de acoso que consiste en amenazar a una persona mediante la revelación de datos personales sin su consentimiento.

E

▶ **E-commerce:** comercio electrónico. Venta de productos o servicios a través de Internet.

▶ **E-mail phishing:** engaño que se realiza a través del correo electrónico para obtener información personal o confidencial.

▶ **Encripción:** proceso de transformación de la información de forma que solo pueda ser descifrada por personas autorizadas.

▶ **Entorno de prueba:** sistema informático aislado que se utiliza para probar la seguridad de otros sistemas.

▶ **Equipo informático:** dispositivo electrónico que se utiliza para el procesamiento de información.

F

▶ **Firewall:** dispositivo o software que se utiliza para controlar el tráfico de red y bloquear el acceso no autorizado.

▶ **Firewall (WAF):** es una solución de seguridad diseñada para proteger aplicaciones web mediante el monitoreo, filtrado y bloqueo del tráfico HTTP entre una aplicación web e Internet.

▶ **Forensic computing:** ciencia forense informática. Disciplina que se encarga de investigar los delitos informáticos.

G

▶ **Gestión de riesgos:** proceso de identificación, evaluación y tratamiento de los riesgos de seguridad.

H

▶ **Hacker:** es un individuo que utiliza tecnología, conocimientos y habilidades para superar desafíos o resolver problemas, a menudo relacionados con dispositivos digitales comprometidos como computadoras, teléfonos inteligentes, tabletas e incluso redes enteras.

▶ **Hacking:** acción de vulnerar la seguridad de un sistema informático.

▶ **HTTPS, que significa Protocolo de Transferencia de Hiper Texto Seguro, es una versión encriptada del protocolo HTTP que utiliza SSL/TLS para cifrar y autenticar la comunicación entre un servidor y un cliente.**

I

▶ **Identidad digital:** conjunto de datos que identifican a una persona en el mundo digital.

▶ **Incidente de seguridad:** cualquier evento que pueda poner en riesgo la seguridad de un sistema informático.

▶ **Ingeniería social:** técnica de engaño que se utiliza para obtener información personal o confidencial de las víctimas.

▶ **Intrusion detection system (IDS):** sistema de detección de intrusiones. Sistema que se utiliza para detectar actividades sospechosas en un sistema informático.

▶ **Intrusion prevention system (IPS):** sistema de prevención de intrusiones. Sistema que se utiliza para bloquear actividades sospechosas en un sistema informático.

K

▶ **Keylogger:** Software que registra las pulsaciones del teclado.

L

▶ **LAN:** red de área local, que conecta dispositivos en un área geográfica limitada, como un hogar, una oficina o una escuela.

M

▶ **Man-in-the-browser (MITB):** ataque en el que un atacante se coloca entre un navegador web y un servidor para interceptar los datos.

▶ **Malware:** Software malicioso. Software que tiene como objetivo dañar un sistema informático.

▶ **Mensajería instantánea:** servicio de comunicación que permite enviar mensajes de texto de forma instantánea.

▶ **Mitigación de riesgos:** medidas que se adoptan para reducir la probabilidad o el impacto de un riesgo.

▶ **Mobile security:** seguridad móvil. Conjunto de medidas que se adoptan para proteger los dispositivos móviles de los ataques cibernéticos.

▶ **Multifactor authentication (MFA):** autenticación multifactor. Proceso de verificación de la identidad de un usuario mediante la combinación de dos o más factores de autenticación.

N

▶ **Nivel de seguridad:** grado de protección que ofrece un sistema informático frente a los ataques cibernéticos.

▶ **Nomenclatura de seguridad:** conjunto de reglas y convenciones que se utilizan para nombrar los activos de información y los sistemas informáticos.

O

▶ **Offensive security:** disciplina que se encarga de realizar pruebas de penetración para identificar y explotar las vulnerabilidades de los sistemas informáticos.

▶ **Operaciones de seguridad:** conjunto de actividades que se realizan para proteger los sistemas informáticos de los ataques cibernéticos.

P

▼ **Paquete de seguridad:** conjunto de herramientas y servicios que se utilizan para proteger los sistemas informáticos.

▼ **Pharming:** es un tipo de ataque cibernético en el que un pirata informático redirige el tráfico de un sitio web a un sitio web falso que parece legítimo para robar información confidencial, como credenciales de inicio de sesión, números de tarjetas de crédito o datos personales.

▼ **Phishing:** engaño que se realiza a través del correo electrónico o las redes sociales para obtener información personal o confidencial.

▼ **Política de seguridad:** conjunto de reglas y procedimientos que se establecen para proteger los sistemas informáticos.

▼ **Privacidad:** derecho de las personas a controlar la información que se recopila sobre ellas.

▼ **Proxy:** es un programa que actúa como intermediario entre tu dispositivo e Internet. Puede mejorar la velocidad, la seguridad y la privacidad. Los servidores proxy se usan para gestionar el uso de Internet y denegar el acceso a ciertos sitios, o para acceder a recursos con ubicación bloqueada.

▼ **Proxies anónimos:** son un tipo de servidor proxy que no proporciona ninguna información sobre la dirección IP del dispositivo del usuario. Sin embargo, puede recopilar datos de "cookie".

Q

▼ **Quantum computing:** computación cuántica. Disciplina que se encarga de desarrollar ordenadores que utilizan los principios de la mecánica cuántica.

▼ **Quorum:** número mínimo de votos necesarios para que una decisión sea aprobada.

R

▼ **Ransomware:** es un tipo de software malicioso que cifra archivos o sistemas completos, haciéndolos inaccesibles para los usuarios hasta que se pague un rescate a los atacantes.

▼ **Red de área local (LAN):** red de ordenadores que se encuentran en un área geográfica limitada.

▼ **Red de área amplia (WAN):** red de ordenadores que se encuentran en áreas geográficas separadas.

- **Requisitos de seguridad:** características que deben cumplir los sistemas informáticos para garantizar su seguridad.
- **Respuesta a incidentes:** conjunto de acciones que se realizan para mitigar el impacto de un incidente de seguridad.
- **Rol de seguridad:** conjunto de privilegios y responsabilidades que tiene un usuario en un sistema informático.
- **Rubberhose cryptanalysis:** técnica de descifrado que consiste en obtener la contraseña de un usuario mediante la tortura.

S

- **Seguridad de la información:** conjunto de medidas técnicas, organizativas y legales que se adoptan para proteger la información.
- **Seguridad física:** medidas que se adoptan para proteger los sistemas informáticos de los ataques físicos.
- **Seguridad perimetral:** medidas que se adoptan para proteger los sistemas informáticos del acceso no autorizado desde Internet.
- **Seguridad personal:** medidas que se adoptan para proteger la información de los usuarios.
- **Seguridad proactiva:** medidas que se adoptan para prevenir los ataques cibernéticos.
- **Seguridad reactiva:** medidas que se adoptan para mitigar el impacto de los ataques cibernéticos.
- **Seguridad sin conexión:** medidas que se adoptan para proteger los sistemas informáticos de los ataques que se realizan sin conexión a Internet.
- **Seguridad de aplicaciones:** medidas que se adoptan para proteger las aplicaciones informáticas de los ataques cibernéticos.
- **Seguridad de datos:** medidas que se adoptan para proteger los datos informáticos de los ataques cibernéticos.
- **Seguridad de redes:** medidas que se adoptan para proteger las redes informáticas de los ataques cibernéticos.
- **Seguridad de sistemas:** medidas que se adoptan para proteger los sistemas informáticos de los ataques cibernéticos.
- **Sniffing:** consiste en interceptar y capturar datos transmitidos a través de una red sin encriptar (como contraseñas, mensajes o información bancaria). Los

sniffers actúan como "espías digitales", analizando el tráfico de redes públicas o vulnerables, aprovechando la falta de cifrado. Es común en redes Wi-Fi abiertas (aeropuertos, cafeterías), donde los atacantes recopilan información sensible.

T

▼ **Tarifa plana:** tarifa que se cobra por un servicio de forma fija, independientemente del consumo realizado.

▼ **Título de seguridad:** documento que acredita la formación y experiencia de una persona en seguridad informática.

▼ **Trabajo remoto:** modalidad de trabajo en la que los empleados no acuden a la oficina, sino que trabajan desde casa o desde cualquier otro lugar.

▼ **Troyano:** un troyano es un tipo de malware que se disfraza de programa o archivo legítimo para engañar a los usuarios para que lo descarguen e instalen. Una vez dentro del sistema, los troyanos pueden realizar diversas acciones maliciosas, como robar información confidencial, instalar malware adicional o proporcionar acceso no autorizado a piratas informáticos.

▼ **RAT:** Troyano de Acceso Remoto, es un tipo de malware que permite el acceso no autorizado a una computadora o red. A menudo se disfraza de programa o archivo legítimo y se puede distribuir a través de diversos medios, como archivos adjuntos de correo electrónico, descargas o instaladores de software infectados.

U

▼ **Uso legítimo:** uso de un sistema informático o una aplicación para los fines previstos.

▼ **Uso indebido:** uso de un sistema informático o una aplicación para fines no autorizados.

▼ **Utilidad:** beneficio que se obtiene del uso de un sistema informático o una aplicación.

V

▼ **Vulnerabilidad:** debilidad en un sistema informático que puede ser explotada por un atacante.

▼ **VPN:** red privada virtual. Red que se utiliza para crear una conexión segura entre dos ordenadores a través de Internet.

W

▶ **WiFi:** red inalámbrica. Red que permite la conexión a Internet sin cables.

X

▶ **XSS:** Cross-site scripting. Ataques que se realizan inyectando código malicioso en una página web.

Y

▶ **YARA:** lenguaje de firmas para detectar malware.

▶ **YubiKey:** dispositivo de autenticación biométrica.

Z

▶ **Zero-day attack:** ataque que aprovecha una vulnerabilidad desconocida por el frabicante de un sistema o aplicación.

BIBLIOGRAFÍA DE SOPORTE

1. **Algunas amenazas y sus consecuentes precauciones**

   https://www.econo.unlp.edu.ar/detise/amenazasinformaticas-3918

2. **Auditoría de seguridad informática: qué es, ventajas, tipos y fases**

   https://blog.hubspot.es/website/auditoria-de-seguridad

3. **Auditoría redes WIFI (OWISAM)**

   https://sshteam.com/auditoria-wifi/

4. **Blog -X**

   https://blog.x.com/

5. **Blog de Instagram**

   https://about.instagram.com/es-la/blog

6. **Blog de WhatsApp**

   https://blog.whatsapp.com/?lang=es_LA

7. **Ciberseguridad industrial: supervisión y detección de anomalías**

   https://www.cisco.com/c/dam/global/es_es/solutions/internet-of-things/cisco-cyber-vision-ebook-es.pdf

8. **Claves de las políticas de seguridad informática**

   https://www.unir.net/ingenieria/revista/politicas-seguridad-informatica/

9. **Common Vulnerabilities and Exposures**

    https://cve.mitre.org/

10. **Common Vulnerability Scoring System SIG**

    https://www.first.org/cvss/

11. **Current CVSS Score Distribution For All Vulnerabilities**

    https://www.cvedetails.com/

12. **Cómo desarrollar una política de seguridad en la empresa?: normas que se deben seguir**

    https://negociosyempresa.com/politica-de-seguridad-en-la-empresa/

13. **Cómo evaluar la seguridad en el acceso a una aplicación?**

    https://www.auditool.org/blog/auditoria-de-ti/como-evaluar-la-seguridad-en-el-acceso-a-una-aplicacion

14. **El Pentesting y su importancia en la ciberseguridad**

    https://protecciondatos-lopd.com/empresas/pentesting/

15. **Guía para gestionar pruebas de penetración (penetration testing)**

    https://www.pcihispano.com/guia-para-gestionar-pruebas-de-penetracion-penetration-testing/

16. **Herramientas de ciberseguridad OT para Industry 4.0**

    https://www.indx.com/es/event-items/ot-cybersecurity-webinar-how-secure-is-your-plant

17. **How to identify cybersecurity vulnerabilities**

    https://fieldeffect.com/blog/how-to-identify-cybersecurity-vulnerabilities

18. **How to identify security vulnerabilities within an application**

    https://www.ibm.com/support/pages/how-identify-security-vulnerabilities-within-application-impacts-and-remediation

19. **Implementación de una estrategia de pentesting con software libre**

    https://www.eumed.net/es/revistas/tectzapic/vol-7-no-1-mayo-2021/estrategia-pentesting

20. **Introducción a la seguridad de la información**

    *https://openaccess.uoc.edu/bitstream/10609/142807/1/M%C3%
    B3dulo%201_Introducci%C3%B3n%20a%20la%20seguridad%20
    de%20la%20informaci%C3%B3n.pdf*

21. **Kali Tools**

    https://www.kali.org/tools/

22. **La ciberseguridad industrial y su importancia**

    https://www.unir.net/ingenieria/revista/ciberseguridad-industrial/

23. **Los 4 principios de la seguridad informática y su implementación**

    *https://unirfp.unir.net/revista/ingenieria-y-tecnologia/principios-
    seguridad-informatica/*

24. **National Vulnerability Database**

    https://nvd.nist.gov/

25. **Nmap: the Network Mapper–Free Security Scanner**

    https://nmap.org/

26. **Política de seguridad de la información y SGSI**

    *https://www.ceupe.com/blog/ejemplo-politica-seguridad-informacion-y-
    sgsi.html*

27. **Política y objetivos de seguridad**

    https://www.ibm.com/docs/es/i/7.3?topic=security-policy-objectives

28. **PTES Technical Guidelines**

    http://www.pentest-standard.org/index.php/PTES_Technical_Guidelines

29. **Qué es la tríada de la CIA? la tríada de la CIA explicada**

    https://fourweekmba.com/es/triada-cia/

30. **Qué es la respuesta a incidentes?**

    https://www.ibm.com/mx-es/topics/incident-response

31. **Qué es la tríada de la CIA?**

    *https://www.computerweekly.com/es/opinion/Que-es-la-triada-de-la-
    CIA*

32. **Seguridad de Microsoft**

   https://www.microsoft.com/es-ww/security/business/resources/

33. **Seguridad en redes wifi**

   https://www.incibe.es/sites/default/files/contenidos/guias/doc/guia-de-seguridad-en-redes-wifi.pdf

34. **Software malicioso y no deseado**

   https://developers.google.com/search/docs/monitor-debug/security/malware?hl=es-419

35. **Telegram Tips:**

   https://t.me/s/telegramtips

36. **What is Vulnerability in Cyber Security? Types and Definition**

   https://intellipaat.com/blog/vulnerability-in-cyber-security/

37. **Windows and Linux interoperability:**

   https://www.redhat.com/sysadmin/windows-linux-interoperability

38. **Windows and Linux operating systems from a security perspective**

   https://arxiv.org/ftp/arxiv/papers/1204/1204.0197.pdf

OTRAS OBRAS DEL AUTOR

1. Ciberseguridad. Curso Práctico

2. (IFCT133PO) Ciberseguridad

3. Curso de programación Bash Shell

4. (IFCT116) Gestión de la seguridad informática en la empresa

5. (IFCT123) Implantación y gestión de la ciberseguridad

6. Kali Linux para Hackers

7. Seguridad de Equipos Informáticos (Edición 2024)

8. (IFCT0087) Seguridad digital básica

9. (MF0486_3) Seguridad en Equipos Informáticos

10. (IFCT158) Seguridad informática en entornos de teletrabajo

Visita mi portafolio de libros en la tienda virtual del Grupo Editorial Ra-Ma:

https://www.ra-ma.es/autor/arturo-enrique-mata-garcia/

SÍGUENOS EN INSTAGRAM Y ACCEDE GRATIS A NUESTRA BIBLIOTECA DIGITAL DURANTE 30 DÍAS.

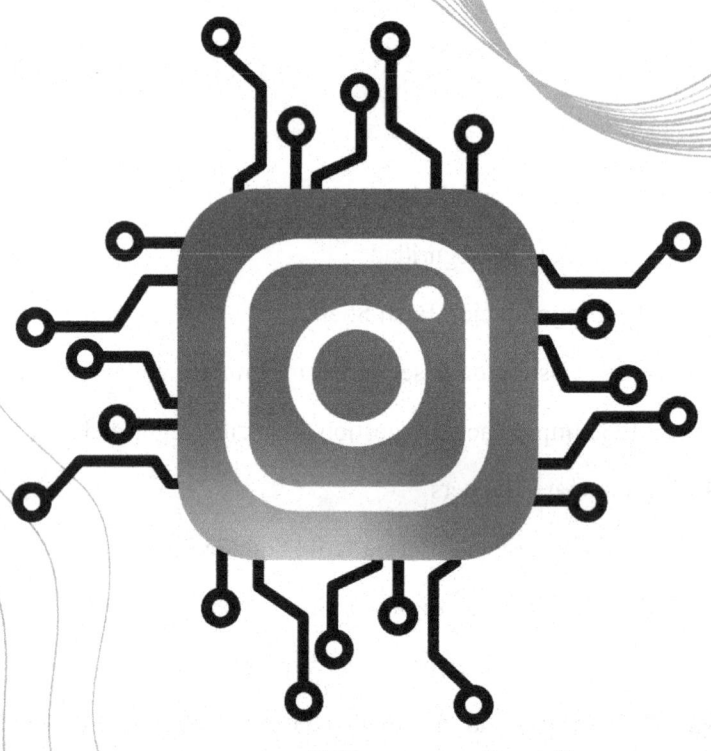

@grupoeditorialrama

¡ENVIANOS TU MAIL POR PRIVADO!

Grupo Editorial
ra-ma

40 ANIVERSARIO